1%의 가능성을
성공으로 바꾼 사람들

1%의 가능성을 **성공**으로 바꾼 사람들

이대희 지음

 "모든 위대한 사업은 최초에는 불가능한 일이라고 했던 것들이다."

토머스 칼라일

| 시작하는 글 |

*1%*의 가능성을 열며

여기저기에서 들려오는 좌절과 슬픔과 실패에 관한 이야기들을 접할 때면 어떻게 해야 각자 품은 비전을 향해 끝까지 희망을 안고 살아갈 수 있을지 생각해보게 됩니다. 모든 사람들이 단 1%의 가능성을 희망의 발판으로 삼아 인생을 포기하지 않고 인생의 목표를 향해 계속 달려갈 수 있다면 얼마나 좋을까요?

각종 매체를 통해 접하게 되는 우리 이웃들의 아픔과 절망스런 이야기들이 남의 이야기만은 아닌 듯합니다. 살다보면 우리가 의도하지 않고 원하지 않는 일이 불행이라는 그림자로 우리 삶에 깊이 드리울 때가 너무나 많습니다. 누구나 인생을 살면서 갑작스럽게 불행을 겪을 수 있다고 생각한다면 이웃의 아픔이 내 일이 아니라고 그저 무심히 지나칠 수는 없을 것입니다.

아픔의 속성은 묘하게도 서로를 이해하는 공통분모가 되기도 합니다. 다른 사람의 고통을 아는 사람만이 그 사람이 필요로 하는 것을 알 수 있습니다. 내가 당하는 고통을 투영시켜서 다른 사람의 고통을 이해하고 바라볼 수 있기 때문입니다. 어쩌면 고통에 대한 이해는 다른 사람을 이해하기 위한 가장 좋은 방법인지도 모릅니다.

 내가 비록 고통스럽더라도 상황을 탓하거나 다른 사람을 원망하기보다 오히려 그 고통을 통해 다른 사람의 고통을 살펴보면 어떨까요? 아마도 내가 겪고 있는 고통의 무게가 그다지 무겁지 않게 느껴지거나 힘든 인생을 살아가면서 덜 외로울 수 있을 것입니다.

 이 책에서는 우리보다 앞서 살아간 사람들, 혹은 같은 세대를 사는 사람들이 우리와 동일한 고난과 슬픔을 어떻게 극복하며 성공적인 인생을 살았는지 소개합니다. 그들은 어떤 역경이 닥쳐와도 꿈을 포기하지 않았고 희망을 버리지 않았습니다. 비록 낙심하여 좌절하기는 했지만, 또다시 도전하여 마침내는 성공을 거머쥔 사람들입니다.

 성공은 눈이 멀지 않았습니다. 아무에게나 찾아가지도 않고 아무 때나 찾아오지도 않습니다. 우리의 실수가 쌓이고 도전이 모이면 성공은 자연스럽게 우리 곁으로 다가옵니다.

 이 책에서는 고난과 슬픔 속에서도 포기하지 않고 1%의 가능성에 도전하여 성공을 이룬 역사속의 실제 인물들의 이야기를 통해 희망을 전하고자 합니다. 여기에 소개된 이야기들은 상상해서 만들어낸 가공의 이야기가 아닌 실제의 이야기이기에 우리의 가슴속에 훨씬 깊게 다가올 수 있습니다.

우리가 알고 있는 대부분의 위인들은 자신의 꿈을 이루기까지 우리가 겪는 어려움 이상의 고난과 실패를 경험했던 사람들입니다. 고통 없는 위대함은 없습니다. 이런 면에서 보면 요즘 들어 더욱 자주 듣게 되는 인생의 좌절을 경험하면서 그것을 이겨내지 못하고 스스로 삶을 포기하여 극단적인 방법을 택하는 사람들의 이야기는 발을 동동 굴러도 시원치 않을 만큼 너무나 안타깝습니다.

이 책은 직장을 잃어 일할 기회를 빼앗긴 사람들, 하던 일이 뜻대로 되지 않아 실패하고 침체에 빠진 사람들, 사람들에게 인정받지 못해서 마음의 상처를 입은 사람들, 갑작스러운 사고와 병으로 고통당하는 사람들, 꿈을 잃고 방황하는 사람들을 위해 씌어졌습니다.

또한 지금까지 별다른 문제없이 살아왔지만 인생의 고난을 미리 내다보고 준비할 수 있는 안목을 키우기 원하는 사람들을 위한 책입니다.

천둥과 번개가 친 후에는 무섭게 비가 오고 비가 온 후에는 가장 맑고 밝은 날이 되며 아름다운 무지개를 볼 수도 있습니다. 아무리 터널이 어둡고 길더라도 끝은 반드시 있고 그 끝에는 밝은 햇살이 있습니다. 우리의 마지막은 언제나 절망이 아니라 희망입니다. 1%의 가능성만 있어도 누구나 성공할 수 있습니다. 힘을 내십시오.

짧은 문장 하나, 한마디의 진실한 말이 인생을 바꿀 수 있다는 믿음을 갖고 이 책을 만들었습니다. 격려와 용기를 주는 한 줄의 글이 발휘하는 가치를 돈으로 환산할 수 있겠습니까. 이 책이 고단한 인생을 사는 당신의 마음에 위로가 되는 좋은 친구가 되기를 바랍니다.

어려운 여건 속에서도 기꺼이 출판을 허락해주신 최순철 사장님께 감사드립니다. 그리고 그동안 힘든 순간들을 이기고 계속 비전을 바라보며 달려갈 수 있도록 격려와 기도를 아끼지 않는 사랑하는 아내와 아들 샘, 딸 기쁨, 그리고 많은 분들께 깊은 감사를 드립니다.

이대희

1%의 가능성을
성공으로 바꾼
사람들

CONTENTS

시작하는 글 5

PART 01
성공은 실패의 꼬리를 물고 온다

행복은 아주 가까운 곳에 | 월트 디즈니 17
시련과 장애가 가져다준 기회 | 아르투로 토스카니니 20
십 년에 걸친 실험 | 굴리엘모 마르코니 23
시련 뒤에 오는 선물 | 아이작 뉴턴 26
쓰러진 나라를 걷게 한 사람 | 프랭클린 루스벨트 28
내 인생의 시간 | 미켈란젤로 부오나로티 31
최고의 학벌 | 벤저민 프랭클린 34
65세의 청년정신 | 커넬 샌더스 38
누군가의 고통에 귀기울인다는 것 | 루이스 브라유 41
생각을 바꾸면 삶도 바뀐다 | 제임스 가필드 43
학위 없는 과학자 | 마이클 패러데이 45
지금 다시 시작하라 | 렘브란트 판 레인 48
한 번뿐인 인생인데 | 조지 버나드 쇼 50

PART 02
산은 오르는 자에게 정복된다

끝까지 꿈을 포기하지 않은 이혼녀 | 조앤 K. 롤링 57
완전히 끝날 때까지는 아직 끝난 것이 아니다 | 니콜로 파가니니 62
불행을 먹고 대성한 사람 | 찰리 채플린 65
계속 거절당하는 인생을 헤치고 나갈 때… | 찰스 디킨스 69
최고의 목적은 자신이다 | 프리조프 난센 72

게으른 느림보 고집쟁이 │ 알버트 아인슈타인 75
병약한 영웅 │ 조지 워싱턴 78
들어서 읽어라 │ 성 어거스틴 80
상상을 현실로 │ 하인리히 슐리만 83
작품을 만드는 용광로 │ 위대한 작품들 86
불행한 이력서 │ 미겔 데 세르반테스 88
실패 없는 성공(?) │ 우드로우 윌슨 90
노예에서 총리까지 │ 요셉 93
80년의 실패 │ 하인리히 페스탈로치 96
불행을 이긴 노래 │ 제니 린드 98

PART 03

인생은 실패에서 배운다

인생이 꼬여도 기죽지 말기 │ 유명한 사람들의 실패 103
실패한 사람을 위한 작곡 │ 게오르크 프리드리히 헨델 105
삶이 나에게 주는 기회 │ 게리 쿠퍼 108
필연적인 고통 │ 주옥같은 작품들 110
자기에게 지지 않으려면 │ 루이 파스퇴르 112
때로는 바보처럼 보여도 │ 오귀스트 로댕 114
성공은 실패를 통해 온다 │ 에이브러햄 링컨 116
삶에서 정말 중요한 것 │ 김순권 119
절망과 실패를 넘어서 │ 큰일을 이룬 많은 사람들 121

CONTENTS

미물이 주는 교훈 | 장군들의 승리 124
희망이 되는 사람 | 조지 뮬러 126
우리가 지고 가야 할 삶의 짐 | 시어도어 루스벨트 129
위대한 작품일수록 | 인내하여 이룬 위대한 것들 131
절망 속에서 피어난 위대함 | 루드비히 판 베토벤 134
문제는 나 자신이다 | 소크라테스 136
목적 있는 삶을 사노라면 | 오노레 드 발자크 139

PART 04
길이 막혔거든 다른 길로 가라

때로는 방향전환이 필요하다 | 장 자크 루소 145
오기를 갖고 다시 한 번 | 가망 없는 사람들이 성공한 예 148
실패를 거울삼아 | 요하네스 구텐베르크 150
인생을 요리한 사람 | 막심 고리키 153
결코 작지 않은 일 | 로이드 조지 155
실례했습니다 | 위뉘 157
다시 뛰어봐 | 윌마 루돌프 160
정말 소중한 것 | 존 데이비슨 록펠러 163
마음이 부자라서 행복한 사람 | 김기창 166

잿더미가 된 원고 덕분에 | 토머스 칼라일 169
1201번째 도전에서 얻은 성공 | 토머스 에디슨 172
가장 위대한 것 | 헨리 포드 178
실패한 성공 | 마지막에 실패한 사람들 182
다른 사람을 위한 삶 | 이승훈 185

PART 05
삶은 언제나 희망을 말한다

비우면 여유로운 삶 | 알프레드 노벨 191
동전의 양면과도 같은 것 | 베이브 루스 194
일생을 불행하게 보내면서도 | 요하네스 케플러 196
실패를 통해 배우는 성공 | 율리시스 그랜트 199
최선을 다하는 삶 | 앤드루 카네기 202
쓰레기통에서 건진 원고 | 노먼 빈센트 필 206
땜장이가 만든 작품 | 존 번연 208
모든 것을 잃어버려도 | 존 밀턴 211
세상을 살아가는 법 | 헬렌 켈러 213
휠체어를 타고 우주를 연구하다 | 스티븐 호킹 216
인생의 가치를 알게 되면 | 조르주 비제 219
한걸음씩 걸어가는 인생 | 헨리 워즈워스 롱펠로우 221
어느 실패자의 이야기 | 실패자의 영원한 성공 모델 226

성공은 실패의 꼬리를 물고 온다

PART 01

행복은 아주 가까운 곳에

미키마우스와 **월트 디즈니** _ *Walt Disney 1901-1966*

1920년 어느 날이었다. 한 청년이 갈 곳이 없어 거리에서 방황하며 실패와 좌절의 시간을 보내고 있었다. 그때 지나가던 목사님이 다가와서 물었다.

"왜 그렇게 방황하고 있습니까?"

"출판사에 만화원고를 들고 찾아가서 취직자리를 구했지만 번번이 거절당했습니다. 저는 이제 가망이 없나봅니다."

"그랬군요. 괜찮다면 일자리를 다시 찾을 때까지 교회 창고에서 지내셔도 됩니다."

"목사님, 정말 고맙습니다."

"다른 사람은 버려도 하나님께서는 당신을 사랑하고 계신다는 사실을 항상 잊지 말고 용기를 가지십시오."

목사님은 그를 따스하게 격려하였다. 창고는 비록 허름했지만 그곳은 다시 그의 꿈을 키우는 사무실 겸 안식처가 되었다. 청년은 목사님의 말씀대로 용기를 잃지 않고 열심히 그림을 그리며 꿈을 키워나갔다.

그런데 창고에는 쥐가 많았다. 그는 어느 날 창고 안에 있는 쥐를 보면서 만화 주인공으로 그려보자는 생각을 언뜻 하게 되었다. 그렇게 생각지 않게 그린 그림이 바로 전 세계적으로 사랑받는 미키 마우스 캐릭터다. 청년은 이 그림 하나로 엄청난 부자가 됐다. 이 청년의 이름은 '월트 디즈니'다.

❝ 일자리를 잃은 사람들이 있다. 사업이 부도나서 침체에 빠진 사람들이 있다. 갑작스러운 사고로 인하여 인생의 꿈을 잃어버린 사람들이 있다. 아무리 애를 써도 좀처럼 취직하지 못하고 가는 곳마다 사회에서 인정을 받지 못하는 사람들이 있다. 하고 싶은 일을 하지 못하고 꿈을 포기하며 일생을 눈물로 보내는 사람들이 있다.

그러나 용기를 내자. 때가 되면 전혀 다른 곳에서 새로운 아이디어가 떠오르고 해결의 길이 놀랍게 열릴 수 있다. 어쩌면 지금 절망하는 그 자리가 새로운 도약의 자리가 될 수 있고 자신을 새롭게 발견하는 돌파구가 될지 모른다.

지금 있는 자리가 비록 고달프더라도 작은 여유를 갖고 주변을 둘러보라. 절대로 포기하지 마라. 불행하다고 생각하는 사람일수록 행복은 아주 가까운 곳에 있다는 사실을 염두에 둘 필요가 있다. 용기를 잃지 말고 끝까지 있는 자리에서 최선을 다하면 머지않아 성공은 바로 당신의 주머니 안에 들어와 있을 것이다. 〞

꿈을 꿀 수 있다면, 그것을 할 수도 있다. - 월트 디즈니

시련과 장애가 가져다준 기회

세계적인 지휘자 **아르투로 토스카니니** _ *Arturo Toscanin 1867-1957*

토스카니니는 소년 시절부터 가까운 곳은 잘 보지만 먼 곳은 잘 보지 못하는 근시안으로 고생하고 있었다. 그의 가장 큰 소원은 어떻게 해서든지 자기의 심각한 근시안을 고쳐서 잘 볼 수 있는 시력을 갖는 일이었다.

19세가 되던 해 토스카니니는 어느 오케스트라에서 첼로를 연주하고 있었다. 그는 근시였기에 악보를 남처럼 잘 볼 수 없었다. 그래서 항상 연습하기 전에 미리 악보 전체를 암기하였다.

한번은 오케스트라가 중요한 연주회를 앞두고 지휘자가 그만 큰 병에 걸려 앓아누워 지휘를 할 수 없게 되었다. 연주회 날은 임박했는데 지휘할 사람을 급히 구할 수도 없었다. 지휘할 수 있는 사람은 토스카니니밖에 없었다. 단원 중에 곡을 전체 암기한 사람은 토스카니니 한 사람뿐이었기 때문이다. 결국 그는 곡을 전체 암기하고 있다는 이유만으로 지휘자로 발탁되었다.

그날 처음으로 오케스트라를 지휘한 무명의 첼리스트 청년은 후에 세계적인 지휘자 토스카니니가 되었다. 그의 나쁜 시력이 오히려 성공의 요인이 되었고, 평소 남보다 더 열심히 노력한 그의 수고로 인해 기회가 찾아왔을 때 성공을 거머쥐게 되었다.

> 사람들은 대부분 자신이 처한 불행한 조건으로 인해 쉽게 좌절한다. 그러나 그 조건이 오히려 우리에게 행복을 가져다주고 그것으로 인해 남이 하지 못하는 일을 할 수도 있다. 현재의 삶이 아무리 어렵고 힘들다 해도 환경을 탓하지 말고 자신이 맡은 일을 성실히 해낼 때 그는 사람들에게 인정받고 성공할 수 있다.

우리 주변에는 뜻하지 않게 사고를 겪거나 선천적인 요인으로 인해 장애를 가진 사람이 많다. 그런 사람들은 자칫 인생의 음지에서 평생을 보내기가 쉽다. 그러나 사실 우리에게 있는 장애는 장애가 없는 사람보다 더 많은 노력을 하게 이끌고 인생에 열정을 갖게 하는 요인이 된다.

장애를 후퇴가 아닌 전진의 기회로 삼는다면 오히려 우리에게 축복이 될 수 있다. 약하다고 생각하는 것이 우리에게 강한 것이 되고 귀찮고 짐이 된다고 생각한 것이 오히려 우리의 문제를 해결하는 중요한 열쇠가 될 수 있다. 부끄럽게 생각한 것이 오히려 나에게 가장 자랑스러운 것이 될 수 있는 것이다.

약한 것을 숨기지 마라. 약한 것으로 인해 당신은 강한 사람이 될 수 있다. 〞

신념은 인간에게 가장 중요한 것이다. 그러나 아무리 굳은 신념이 있더라도 침묵하고 가슴속에 품고만 있으며 아무 소용이 없다. 어떠한 희생을 치르더라도, 죽음을 걸고서라도 반드시 자신의 신념을 발표하고 실행한다는 용기가 필요하다. 여기에 처음으로 그가 가지고 있는 신념이 생명을 갖는 것이다. - A. 토스카니니

십 년에 걸친 실험

노벨 물리학자 **굴리엘모 마르코니** _ *Guglielmo Marconi 1874-1937*

마르코니는 어릴 때부터 기계 만지기를 아주 좋아했다. 열두 살 때는 재능의 탁월함을 인정받아 유명한 과학자 리기 (Augusto Righi, 1850-1920) 교수의 지도를 받았다. 마르코니는 전선 없이도 보내는 무선 전신에 대단한 흥미를 갖고 있었다.

그때 당시는 거의 불가능한 일이었다. 그럼에도 그는 가능성을 붙잡고 도전하였다. 그렇게 할 수 있었던 데는 리기 교수의 격려가 가장 큰 힘이 되었다. 마르코니는 눈이 오나 비가 오나 오직 무선 전신 연구에만 주력하였다.

연구를 시작한 지 10년째 되던 해, 그는 그동안 연구한 것을 다시 실험해보기로 했다. 그러나 수신기에는 아무런 반응이 나타나지 않았다. 마르코니는 말할 수 없는 슬픔과 허탈함으로 깊은 좌절감을 느꼈다.

10년 동안의 노력이 한순간에 수포로 돌아가는 순간이었다. 그때 리기 교수가 다가왔다.

"어떻게 되었니?"

"선생님, 실패했습니다."

마르코니는 힘없이 말했다. 리기 교수는 마르코니의 어깨를 따스하게 감싸 안으면서 말했다.

"그래? 그렇게 정성을 쏟았는데 실패라니? 자, 우리 다시 한 번 해보자."

그러면서 기계를 만지기 시작했다. 실험 준비를 끝내고 나서 다시 실험을 해보았다. 마르코니는 가슴을 조이며 떨리는 손으로 살며시 발신기의 단추를 눌렀다. 그때 '뿌지직' 소리를 내며 수신기가 울렸다.

"아! 드디어 성공이다. 마르코니, 대성공이야!"

"선생님, 감사합니다."

이렇게 해서 발명된 무선 전신기는 통신산업에 엄청난 변화를 주었고, 지금도 우리가 선이 없이 통화를 하게 되는 기초를 마련하였다. 그 업적이 인정되어 마르코니는 1909년에 노벨 물리학상을 받았다.

❝ 끝까지 포기하지 않고 달려가는 집념과 인내가 결국 성공을 이끌어낸다. 시간이 오래 걸리더라도 결코 포기하지 말자. 인내해야 성공할 수 있다. 아무리 작은 성공도 인내

와 노력과 열정 없이는 이루어질 수 없다.

지금 포기한 것이 있는가? 그러면 다시 시작해 보자. 실패를 두려워하지 말고 다시 시도해보자. 안 되는 것이 실패가 아니라 포기하는 것이 실패다. 포기한 순간이 성공하기 5분 전인지 누가 알겠는가? "

굴리엘모 마르코니는 그가 약속했던 것 이상을 사람들에게 보여주었다.

– 토머스 에디슨

시련 뒤에 오는 선물

과학자 **아이작 뉴턴** _ Sir Isaac Newton 1642-1727

그는 참으로 불행한 사람이었다. 어머니 뱃속에 있을 때 이미 아버지를 잃었고, 세 살 때 어머니의 재혼으로 외롭게 성장했다. 그래도 역경을 딛고 도시에 나가서 열심히 공부했지만, 1966년에 무서운 전염병인 페스트가 영국을 휩쓸었고 그가 다니던 학교도 폐교되었다.

그는 어쩔 수 없이 고향인 울즈소프에 내려갔다. 온 나라가 실망과 좌절의 분위기에 휩싸였고, 그도 깊은 좌절감에 빠져 있었다. 그러나 그는 상황에 굴하지 않고 신념을 갖고 연구하는 일을 게을리 하지 않았다. 그러다가 어느 날 우연히 사과나무에서 사과가 떨어지는 것을 보면서 법칙을 발견했다. 이것이 바로 '만유인력의 법칙'이고, 이 사람은 과학자 '아이작 뉴턴'이다.

" 낙심하여 쉬고 있는 순간이 오히려 좋은 기회의 순간일 수 있다. 그동안 보이지 않았던 것을 볼 수 있고 해보지 못한 것을 해볼 수 있기 때문이다. 중요한 것은 꿈을 잃어버리지 않는 믿음이다. 성공할 수 있는 가능성은 지금 주위에 얼마든지 있다. 조급해하지 말고 여유와 믿음을 갖고 기다리면 좋은 것을 얻을 수 있다.

지금 당하는 외로운 시간들은 그동안 스스로 만들 수 없는 시간들이고, 지금 당하는 고통스러운 환경들은 그동안 스스로 만들어보지 못한 환경들이다. 그 환경을 새로운 일들을 다시 계획하는 희망의 산실로 바꾸어본다면 일생의 가장 큰 복을 얻는 기회가 될 것이다.

나의 고정관념을 벗어던지고 새로운 눈으로 지금의 상황을 바라본다면 지금의 고난은 더 좋은 가능성을 탐지하는 자리가 될 수 있다. "

오늘 할 수 있는 일에 전력을 다하라. 그러면 내일에는 한 걸음 더 진보한다.
— A. 뉴턴

쓰러진 나라를 걷게 한 사람

소아마비 대통령 **프랭클린 루스벨트** _ *Franklin D. Roosevelt 1882-1945*

　　　　　　　　　　　　1921년 어느 여름날 프랭클린 루스벨트는 가족과 함께 별장에서 쉬고 있었다. 그런데 신문을 보고 있던 루스벨트는 갑자기 몸이 뻣뻣해지는 것을 느낄 수 있었다. 지금까지 겪어보지 못했던 통증이었다. 다음날 아침에 일어나보니 양쪽 다리를 움직일 수 없었다. 그는 이렇게 해서 갑작스럽게 소아마비 병을 얻게 되었다.

　'하필이면 나에게 이런 일이 생기다니……. 내가 이 상황에서 무엇을 할 수 있다는 말인가?'

　그는 좌절하기도 했다. 그러나 루스벨트는 힘을 내서 목발을 짚고 소아마비 병과 싸웠다. 나중에 그가 정치에 뛰어들려고 했을 때는 그의 가족들조차 만류했다.

　"그 몸으로는 정치를 할 수 없으니 네 몸을 돌보는 데 힘을 써라."

그러나 그는 힘겨운 모든 과정을 이겨냈다. 그 당시에는 약도 없고 원인도 알 수 없는 병이었다. 루스벨트는 자기의 불행을 이기려고 피나게 노력했다. 그는 절망을 이기고 자기 앞에 놓인 장애를 뛰어넘었다. 결국 불구의 몸이 된 지 11년 만인 1932년에 미국의 32대 대통령에 당당히 당선되었다.

그가 대통령이 되는 과정도 물론 힘겨웠지만 대통령이 된 이후에 만난 어려움은 더 컸다. 주가가 폭락하면서 나라가 공항상태에 빠졌고, 공장의 물건은 팔리지 않고 많은 사람들이 직장을 잃고 거리로 나왔다. 가게도 하나둘씩 문을 닫고 나라 살림이 말이 아니었다. 모두가 이러한 불행의 원인을 밝히지도 못했고 방법도 찾지 못했다.

그때 루스벨트는 대통령 취임식에서 이렇게 외쳤다.

"거짓 없이 솔직하게 봅시다. 겁을 내지 말고 현실을 똑바로 보면 이 어려움을 이겨낼 수 있습니다. 지금 우리가 가장 두려워해야 할 것은 우리 마음속에 있는 두려움뿐입니다."

그는 뉴딜정책으로 나라의 가난을 몰아내고, 실업자에게 일자리를 주고 노인과 실업자를 위한 보험제도를 만들었으며, 테네시 강 개발을 착수하는 등 많은 노력을 기울였다. 그 결과 경제가 조금씩 나아졌고 결국 나라의 경제적 위기를 탈출시키게 되었다. 그 공로가 인정되어 국민들로부터 무려 대통령에 네 번이나 연속으로 당선되는 미국 역사상 없던 일도 일어났다. 그는 죽는 순간까지도 세계 평화 유지 기구인 국제연합(UN) 창설을 제안했다.

❝ 장애를 장애로 여기지 않고 고난을 딛고 일어서 인류를 위해 헌신한 소아마비 장애자 대통령 루스벨트는 사회적인 불평등이나 신체의 장애로 인해 실의에 빠진 사람들에게 지금도 많은 용기를 주고 있다. 우리는 그를 통해 다시 한 번 생각하게 된다. 장애를 장애로 인식하는 사람만이 장애자라는 사실을. ❞

만약 당신의 생의 끝자락까지 다다랐다면, 매듭을 만들고 거기에 매달려라.

— 프랭클린 루스벨트

내 인생의 시간

이탈리아의 조각가 **미켈란젤로 부오나로티** _ *Michelangelodi Buonarroti*
1475-1564

1494년 이탈리아의 여름, 어느 날 새벽에 젊은 정원사가 나무로 만들어진 화분에 열심히 조각하고 있었다. 마침 산책을 하던 영주가 청년에게 물었다.

"여보게, 이런 일을 한다고 누가 임금을 더 주는 것도 아닌데 이른 새벽부터 조각은 왜 하나?"

"저는 이 정원을 아주 사랑합니다. 정원을 아름답게 가꾸는 것이 저의 일이므로 보수와 상관없이 기쁘게 일하고 있습니다."

그 말을 들은 영주는 감동을 받고 청년에게 미술공부를 시켰다. 후에 이 청년은 르네상스 시대 최고의 미술가가 되었는데, 그가 바로 '미켈란젤로' 다.

모든 열정은 아름답다

이탈리아의 조각가 도나텔로가 주문한 커다란 대리석 한 덩어리가 그에게 배달되었다. 그런데 그 대리석을 살펴보던 도나텔로는 흠집이 많은 것을 발견하고는 퇴짜를 놓았다. 그러자 그것을 운반해온 노동자들 중에 한 사람이 크고 무거운 대리석을 다시 가져가는 것이 귀찮으니 옆 동네에 사는 미켈란젤로에게 배달하자고 건의했다. 미켈란젤로는 그 당시 건망증이 심하고 약간 멍청하다는 소문이 나 있었기 때문이다.

그들의 예상대로 미켈란젤로는 3톤이나 되는 대리석 덩어리를 주문한 적이 없었다는 사실조차 모르고 그대로 받았다. 대리석을 살펴본 미켈란젤로 역시 도나텔로와 마찬가지로 흠집을 발견했다. 그러나 미켈란젤로는 흠집 난 대리석으로 자신의 예술적 기교를 시험하고 싶었다. 그래서 도나텔로가 쓸모없다고 거절한 돌을 기꺼이 구입하였다.

그는 쓸모없는 대리석 덩어리를 다듬으며 조각하기 시작하였고, 그렇게 해서 만들어진 것이 바로 세계에서 가장 유명한 조각의 보배로 알려진 '다비드 상'이다.

❝ 자기가 맡은 일에 최선을 다하는 삶처럼 아름다운 것은 없다. 자기의 일이 다른 사람에 의해 영향을 받아서는 안 된다. 남이 시켜서 한다든지 먹고 살기 위해서 한다든지, 아니면 임금을 받기 위해서 한다면 이것처럼 서글픈 일은 없다. 그 일이 비록 보잘것없어 보이고 사람들에게 인정받지 못한다 해도 자기의 일을 찾아라. 위대한 작품과 성공은 언제나 이런 열정과 애정을 갖고 최선을 다하는 가운데 결실을 맺는다.

때로는 미련한 것이 지혜로운 것이 될 수 있고 사람들이 약하다고 생각하며 무시한 것이 나에게 값진 능력을 발휘할 수 있는 기회를 주기도 한다. 그러므로 우리에게는 가능성이 없다고 생각한 모든 것에 새로운 가능성을 부여하는 눈이 필요하다.

세상의 역사는 바로 이런 눈을 소유한 사람들에 의하여 새롭게 전개됐다. 혹시 내가 무심코 버려둔 것은 없는지 찾아보자. 필요 없다고 무심하게 여기며 시간 낭비라고 치부해 버린 것이 바로 내 인생의 보배가 될지 누가 알겠는가? ❞

이 세상의 약속은 가장 공허한 약속에 불과하다. 자기 내면의 세계에 집중하여 가치 있는 사람이 되는 것이 최선의 길이며 가장 큰 만족을 얻는 길이다.

– 미켈란젤로 부오나로티

최고의 학벌

미국이 낳은 세계적 위인 **벤저민 프랭클린** _ Benjamin Franklin 1706-1790

여기 학벌 없이도 최고의 지식을 인정받은 한 사람이 있다.

- 가난한 양초 제조가의 아들로 태어났다.
- 열일곱 명의 형제들이 있었다.
- 가정형편상 열 살 때 학교를 그만두었다.
- 인쇄공인 형 밑에서 견습생으로 지냈다.
- 틈틈이 모은 돈으로 책을 사서 학교에 가지 않고 혼자서 공부했다.
- 영문법, 항해술, 수학, 지질학, 철학 등 매우 다양한 분야를 공부했다.
- 17세 때 무일푼으로 필라델피아에 갔다.

- 몇 년이 지나자 유명한 작가로 서서히 알려지게 되었다.
- 그의 위트와 상식 모음은 선풍적인 인기를 얻었다.

그가 이룬 업적은 대략 다음과 같다.

1_ 과학·발명 분야
- 번개가 전기로 이루어짐을 알고 피뢰침을 발견했다.
- 난방기구인 스토브를 발명했다.
- 원시, 근시 안경을 발명했다.
- 흔들의자 등을 발명했다.

2_ 문학 분야
- 《가난한 리처드의 달력》과 자서전은 미국 문화 역사상 영원한 명저로 지금까지 인정받고 있다.

3_ 사회·공공복리 분야
- 필라델피아에서 최초의 소방서를 설립했다.
- 아메리카 최초의 대출도서관, 화재 보험회사를 창립했다.
- 유용한 우편제도를 만들었다.
- 노예제도에 반대하는 활동에 앞장섰다.

4_ 정치 분야

· 독립선언문 초안을 작성했다.
· 식민지 군대를 유능한 전투군대로 재정비하는 데 중요한 기여를 했다.
· 프랑스에 사절로 파견되어 미국 군대를 돕는 역할을 했다.

이 사람이 바로 세상에서 가장 다재다능하다는 평을 받은 '벤저민 프랭클린'이다. 그는 화가, 작가, 편집자, 과학자, 정치가, 발명가, 철학자, 인도주의 사회사업가로 명성을 날렸고, 지금까지도 미국인들에게 존경받고 있다. 그는 비록 초등학교도 제대로 나오지 못했지만 정치가, 철학자, 과학자, 화가, 작가의 호칭을 당당히 얻었다.

" 배우지 못한 것을 한스럽게 생각하기보다는 마음만 있다면 지금이라도 스스로 공부할 수 있다. 문제는 우리의 잘못된 생각에 있다. 학교에 가지 않아도 늘 공부할 수 있다는 생각을 가진 사람만이 진정한 공부를 할 수 있다. 사실 공부할 수 있는 학교는 학교 밖에 더 많이 있다. 훌륭한 스승은 학교 안에도 있지만 밖에도 많다는 사실을 알고 있는가?

많이 배우지 못한 것에 열등감을 가진 사람이 있다면 일반적인 제도와 틀에 갇힌 좁은 의미의 공부가 아닌 더욱 넓은 의미의 공부를 학교 밖에서 할 수 있는 특권이 있음을 오히려 기뻐할 수 있다. 세상의 고정관념으로 인해 스스로 그런 특권을 놓치는 어리석음을 범하지 말자.

배움이라는 것이 무엇이며 진정한 학교는 어디인가. 누가 정한지도 모르는 어설픈 규정에 매여 있는 한 우리는 더 이상 공부할 의욕을 잃고 시간이 지날수록 공부하기가 더욱 힘들어질 것이다. 기억하라. 당신이 있는 자리가 최고의 학교이고, 당신 주위에 있는 사람이 최고의 스승이다. 〞

정직과 성실을 그대의 벗으로 삼아라. 아무리 친한 친구라 하더라도 마음속에 있는 정직과 성실만큼 그대를 돕지는 못한다. 백 권의 책보다 한 가지 성실한 마음이 더 크게 사람을 움직인다. - 벤저민 프랭클린

65세의 청년정신

KFC 창업자 **커넬 샌더스** _ *Colonel H. Sanders* 1890-1980

한 노인이 오랫동안 해오던 요식업에서 완전히 실패하여 빈털터리가 되었다. 그동안 수고하여 가꾸어놓은 사업은 하루아침에 흔적 없이 사라졌고 생각지도 않은 어려운 일을 당하게 되었다. 65년의 생애가 한순간에 물거품이 되는 순간이었다. 그에게 남은 것이라고는 집 한 채와 낡은 자동차, 은퇴 보장금인 105불이 전부였다.

그러나 노인에게는 한 가지 꿈이 있었다. 비록 나이가 65세로 인생의 황혼기에 들어섰지만 여생을 그냥 빈둥대면서 보내고 싶지는 않았다. 죽는 순간까지 열정적인 인생을 살고 싶었다. 그는 이렇게 스스로에게 다짐했다.

"나는 녹이 슬어 사라지기보다는 다 닳아 빠진 후에 없어지리라!"

그는 이미 닭튀김으로 유명한 식당을 경영한 전력이 있기 때문에 그 경험을 살려 켄터키 주에 있는 집에서 다시 새로운 사업을 시작했다. 사람들이 보기에는 '노년에 무슨 사업이냐?' 할지 모르지만 노인에게는 꿈이 있었다.

그가 새로 시작한 사업은 닭튀김 장사였다. 그만이 갖고 있는 프라이드 치킨 제조의 노하우를 특허로 내고, '켄터키 프라이드 치킨'이라는 상표의 사용과 기술을 이전하는 대가로 사용료를 받았다.

그러나 사람들은 닭튀김에 별로 관심을 갖지 않았다. 그럼에도 불구하고 그는 계속 노력하였고, 점차 그가 만든 닭튀김 체인점을 인디애나 주, 미주리 주, 그리고 캔자스 주에 열게 되었다.

그는 꿈을 잃지 않고 계속 노력하였다. 얼마 안 되어 미국 전 지역에 수백 개의 체인점이 생겼고 결국에는 세계 각처로 확장하게 되었다. 이것이 바로 세계적으로 유명한 '켄터키 프라이드 치킨(KFC)'이고, 그 노인이 바로 '커넬 샌더스'다.

지금도 켄터키 프라이드 치킨 체인점 앞에 서 있는 할아버지 모형은 꿈과 실현에 대한 상징적인 의미를 담고 있다.

❝ 흔히 노년은 허무와 실망과 좌절의 시기로 대변된다. 그러나 사실 노년처럼 인생이 충만한 때는 없다. 지금까지 쌓은 인생의 경험과 연륜을 갖고 멋있게 꿈을 펼칠 수 있는 기회는 노년에 생긴다. 그럼에도 대부분의 사람들은 이 시기에 꿈을 포기한 채 좋은 기회를 놓치고 살아가고 있다.

꿈은 소년에게만 있는 것이 아니다. 꿈은 노년에게도 있다. 다른 세대가 가질 수 없는 멋진 꿈을 이룰 수 있는 때가 바로 노년이다. 값진 경험과 오랫동안 쌓은 인생의 교훈으로 이웃에게 덕이 되고 세상을 향기 나게 하는 일을 해보자. 육체의 강함이 없다 해서 마음의 강함이나 지혜마저 사라지는 것은 결코 아니다. ❞

훌륭한 생각을 하는 사람은 많지만, 행동으로 옮기는 사람은 드물다. 나는 포기하지 않았다. 대신 무언가를 할 때마다 그 경험에서 배우고, 다음번에 더 잘할 방법을 찾아냈을 뿐이다. – 커넬 샌더스

누군가의 고통에 귀기울인다는 것

최초의 점자 체제 개발한 루이스 브라유 _ *Louis Braille* 1809-1852

이제 갓 세 살 된 아이가 아버지의 가게에서 송곳을 갖고 뛰어놀다가 그만 눈을 다쳐 실명하고 말았다. 그러나 절망적인 상황에서도 아이는 긍정적인 마음을 갖고 어려운 현실을 잘 이겨냈다. 그리고 음악을 배워 첼로와 오르간 연주에 뛰어난 실력을 보이면서 사람들에게 감동을 주었다.

15세가 되었을 때 그는 생각했다.

'나와 같은 처지에 있는 사람들을 도와줄 수 있는 좋은 방법은 없을까?'

고민한 끝에 그는 맹인들에게 필요한 점자(點字) 연구를 시작했다. 이 연구를 할 때마다 그는 다른 사람에게 희망을 줄 수 있다는 생각에 무척 행복했다. 그는 끊임없이 노력하여 드디어 인류 최초로 점자 체제를 개발하였다. 수많은 시각 장애인들에게 희망을 준 그는 바로 '루이스 브라유'다.

❝ 다른 사람의 고통을 아는 사람만이 그 사람이 필요한 것을 안다. 사람은 내가 당하는 고통을 투영시켜서 다른 사람의 고통을 이해하고 바라볼 수 있다. 이렇게 본다면 고통에 대한 이해는 다른 사람을 이해하기 위한 가장 좋은 방법인지도 모른다. 지금 나의 아픔이 오히려 아픈 사람을 위해 무언가 진실한 도움을 줄 수 있는 가장 좋은 도구가 될 수 있기 때문이다. 비록 내가 지금 고통스럽더라도 그 고통으로 인해 상황을 탓하거나 남을 원망하지 말자. 오히려 그 고통을 통해 다른 사람의 고통을 살피고 이해하자. ❞

당신이 들고 있는 등불을 좀 더 높이 쳐들어 주십시오. 몸이 자유롭지 못한 사람들의 앞길을 밝히기 위하여. - 헬렌 켈러

생각을 바꾸면 삶도 바뀐다

미국의 20대 대통령 **제임스 가필드** _ *James Abram Garfield 1831-1881*

그의 집은 아주 가난했다. 학교에 들어가서도 읽을 책조차 마음대로 살 수 없는 어려운 형편이었다. 그의 부모는 늘 그런 아이의 모습을 보면서 안타까워했다. 어머니는 말했다.

"애야, 부모 노릇도 제대로 못해줘서 미안하구나!"

"어머니, 걱정하지 마세요. 저는 커서 꼭 훌륭한 장군이 되겠어요."

"장군도 좋지만 장군이 되면 전쟁에서 많은 사람을 죽여야 하지 않니? 그보다는 남을 도우면서 크게 될 수 있는 사람이면 더욱 좋겠구나."

아이는 어머니의 말씀을 늘 가슴에 새기면서 어려운 환경 속에서도 열심히 노력했다. 그 결과 그는 대학총장이 되었고 결국에는 미국의 20대 대통령이 되었다. 이 사람이 바로 '제임스 가필드'다.

가필드 대통령은 취임식 날 나이가 많이 드신 어머니를 부축하여 대통령석에 모시고 자신은 그 옆에 선 채로 취임식을 거행했다.

❝ 한마디의 의미 있는 말은 인생을 결정하는 데 대단히 중요한 역할을 한다. 목표가 삶을 이끌듯이 진리의 한마디가 우리의 인생을 전혀 다른 방향으로 이끈다. 실패하고 절망한 사람에게 필요한 것은 잠깐의 듣기 좋은 위로보다는 진실한 한마디의 말이다. 큰 액수의 돈보다도 값지고 귀한 것은 진리의 가르침이다. 만약 이런 말을 해줄 수 있는 사람이 옆에 있다면 그것만으로도 그는 이미 성공한 것이며, 지금 그런 말을 마음에 품고 살아가는 사람 역시 이미 성공한 사람이다. ❞

기다리는 것만으로는 아무것도 얻을 수 없다. 산 정상에서 그 아래를 굽어보고 싶다면 직접 산을 오르지 않으면 안 된다. - 제임스 A. 가필드

학위 없는 과학자

전기의 아버지 **마이클 패러데이** _Michael Faraday 1791-1867_

　　　　　가난한 소년 패러데이는 공부를 하고자 하는 욕망은 아주 강했지만 열세 살에 학교를 그만두었다. 학교를 그만둔 그는 7년 동안 제본업자 밑에서 일했다. 그러나 그는 힘든 제본소의 일을 하면서도 제본소의 빈방에 간단한 실험실을 만들어 책을 읽고 연구를 게을리 하지 않았다. 힘든 일과 속에서도 런던 철학 학회 강연과 토론에 참석하면서 독서를 많이 하고 미래 연구의 기반이 될 지적인 토대를 만들었다.

　1812년 패러데이는 마침내 과학자가 되고자 하는 자신의 열망을 이룰 수 있는 길을 발견하였다. 그는 영국의 가장 뛰어난 과학자로 인정받던 험프리 데이비 (Humphry Davy, 1778-1829) 강좌를 듣게 되었는데 그 강의에 깊은 감명을 받은 패러데이는 강의내용을 하나도 빼놓지 않고 필기하고 제본하여 데이비에게 보냈다. 그러나 데이비에게서는 아무런 연락도 오지 않았다.

그러던 어느 날 뜻하지 않은 사건이 일어났다. 데이비가 실험도중에 사고를 당해 일시적으로 앞을 볼 수 없게 된 것이다. 데이비는 눈이 멀어서 자신의 연구 노트를 작성할 수 없게 되자 자신의 강의를 완벽하게 필기해서 보냈던 패러데이를 떠올렸다. 데이비는 곧바로 패러데이를 고용하여 자신의 노트를 작성하게 하였는데 패러데이는 그것을 계기로 데이비에게 능력을 인정받아 그의 정식 조수가 되는 행운을 얻었다.

패러데이는 데이비 곁에서 열심히 배워서 당대에 데이비를 능가하는 뛰어난 과학자가 되었다. 런던 박물관 앞에는 지금도 전기의 아버지 마이클 패러데이 동상이 서 있다. 그리고 그 동상 아래에는 이런 글이 씌어 있다.

"우리가 매일 사용하는 전기기구들은 모두가 마이클 패러데이의 근본적인 발견들에 의존하고 있다."

그는 대학을 다녀본 적이 없지만 '전기의 아버지' 라고 불릴 만큼 위대한 과학자로 역사에 이름을 남겼다.

❝ 성실에는 항상 기분 좋은 결과가 따른다. 비록 내세울 만한 학벌이 없고 학교교육을 받지 못했어도 누구든지 배움에 성실한 사람은 삶을 긍정적으로 변화시켜 나간다. 이것이 위대한 것이다. 위업을 달성해야만 위대한 것이 아니라 자신의 삶에 작은 변화라도 긍정적인 역량을 발휘했다면 마땅히 위대한 것이다.

학위나 학교는 사람이 기준에 따라 임의로 만들어낸 과정이다. 그것이 모든 것을 포괄하는 학교 과정이 될 수 없다. 만약 우리가 생각하는 세상의 학벌이나 학위가 사람을 평가하는 중요한 기준이 된다면 거기서 위대한 것이나 새로운 것을 더 이상 기대하기는 어렵다. 그런 민족이나 사회, 가정과 단체 속에서는 창조가 일어나지 않는다.

우리가 알지 못하는 세계의 신비로운 발견이 사실은 학교 밖에서 이루어질 수 있음을 잊지 말아야 한다. 학교 안보다 밖의 세계가 더 넓고 무한하고 배울 것이 많다. 만약 학교를 다니지 못하고 학위가 없는 것으로 인해 스스로 자책하면서 자신의 잠재되어 있는 능력을 포기하고 지낸다면 그것은 누군가 만들어낸 어리석은 틀에 갇혀 있는 것이다. 눈을 크게 뜨고 세상을 똑바로 보라. 그리고 아직 발견되지 않은 수많은 창조의 세계에 도전해 보라. ❞

그(패러데이)는 결국 진리의 냄새를 맡고야 말았어! - F. W. 콜라우슈

지금 다시 시작하라

17세기 대표적인 화가 **렘브란트 판 레인** _ *Rembrandt van Rijn* 1606-1669

그는 다니던 대학을 그만두고 자기가 좋아하던 미술공부를 본격적으로 시작했다. 그의 예술이 아름답게 승화되기 시작한 시점은 사랑하는 아내가 죽고 부채로 전 재산을 날리고 난 뒤부터다. 슬픔과 절망 가운데 그는 기독교 신앙을 갖게 되었고 이전에 알지 못하던 고귀한 체험을 하면서 인생의 가치를 종교적인 회화로 승화시켜 나갔다.

이윽고 그의 작품은 불후의 명작으로 인정받게 되었고, 그는 17세기 네덜란드와 유럽을 대표하는 위대한 화가가 되었다. 그가 이런 명성을 얻게 되자 한 미술학도가 찾아와서 물었다.

"어떻게 그림을 그려야 좋겠습니까?"

그때 그는 주저하지 않고 이렇게 대답했다.

"지금 당장 붓을 잡고 시작하세요."
이 사람이 바로 위대한 작품을 남긴 '렘브란트'다.

❝ 성공의 비결은 간단하다. 좋아하는 것이 있다면 지금 당장 시작하라. 특별한 왕도가 없다. 그 속에 빠져 그 안에서 자기의 꿈을 그려 나가면 된다. 더 이상 머뭇거리지 말고 당장 시작하라. 늦었지만 오히려 이렇게 시작한 것이 성공을 앞당길지 누가 알겠는가? 누구나 성공의 잠재력을 갖고 있다는 사실을 잊지 말자. ❞

하나님을 믿지 않고 렘브란트의 그림을 보는 것은 불가능하다. - 반 고흐

한 번뿐인 인생인데

영국의 극작가 **조지 버나드 쇼** _George Bernard Shaw 1856-1950

위대한 풍자 작가로 알려진 버나드 쇼는 1856년 아일랜드에서 태어났다. 어린 시절에 그는 사람 앞에 서면 말도 제대로 못하고 얼굴이 홍당무가 되는 마음이 나약하고 내성적인 소년이었다. 그럼에도 자존심이 대단한 아이였다. 특히 영국의 교육제도에 불만을 가졌던 쇼는 학교 다닌 기간이 12-17살까지 4년밖에 되지 않는다. 버나드 쇼는 학교에서 배운 것이 아무것도 없었다. 천성적으로 게을러서 잘하던 라틴어조차도 따라가지 못했다. 지극히 내성적이어서 사람을 만나는 것을 꺼렸다. 그런데 어느 날 남의 집에 가지도 못할 만큼 부끄러움과 수줍음을 타던 아이가 이런 생각을 하게 되었다.

'내 인생은 단 한 번뿐이다. 그리고 그 인생은 나의 것이다. 이제부터는 과감히 내 자신을 알리면서 살자.'

그는 이 생각을 곧 실천에 옮겼다. 그 후 그의 인생은 완전히 달라졌다. 그는 극작가, 소설가, 비평가로 널리 알려졌으며 1925년에는 《인간과 초인》으로 노벨 문학상을 수상하기도 했다.

그는 80대 중반의 노년에 이르러서 이렇게 말했다.

"세상 사람들이 나를 위인이라고 부르게 될 거라고는 꿈에도 생각해 본 적이 없다. 사실 나는 불쌍할 정도로 부끄러움이 많은 사람이었다."

그의 아버지는 주정뱅이어서 그의 가족은 숨어서 지냈다. 그런 이유로 성격이 내성적이 되고 말았다. 너무 주눅이 들어서 사람들과 어울리는 방법조차 전혀 모르고 지냈다. 버나드 쇼는 남들이 학교에 다닐 즈음에 부동산 중개소에 취직을 하고 말았다. 그가 학교생활에 실패한 이유는 무엇보다도 경쟁이라고 생각하는 일이라면 뭐든지 싫어하는 성미 때문이었다. 그가 나중에 고백한 내용에서 잘 드러난다.

"나는 선천적으로 경쟁에 약하다. 칭찬이나 표창을 받고 싶지 않다. 따라서 경쟁을 전제로 하는 시험 따위에는 아무 관심이 없다. 만일 내가 이긴다 해도 나의 기쁨보다는 상대방의 실망하는 모습이 내 마음을 아프게 할 것이다. 반대로 내가 진다면 나의 자존심이 상할 것이다."

버나드 쇼는 학교에 다니지 않고서도 독학으로 광범위한 지식을 얻었다. 본래 그는 인간과 사회의 본질을 통찰하고 그 내면에 숨어 있는 진실을 파헤쳐서 그것을 희곡으로 만들어 내는 재능을 가지고 있었다. 그의 재능은 많은 시간이 지난 후에야 발견되었다. 쇼는 50대 후반에 이렇게 고백했다

"나에게 무슨 재능이 있는지, 나를 어떤 인물로 만들 것인지, 아무도 신경을 써주는 사람이 없었다. 나 자신이 별 볼일 없는 아이라고 생각할 뿐, 특별한 재주를 가졌다는 사실은 전혀 모르고 있었다. 오히려 정반대의 교육을 받는 바람에 보통 사람들 수준의 자존심마저 갖지 못했다. 내게 능력이 있다는 사실은 남이 알려줘서 비로소 알게 된 것이다. 그런 재주가 그 누구도 아닌 나에게만 있다는 사실을 알았을 때는 오히려 당황스러웠다."

94세의 고령에도 불구하고 그는 끊임없이 새 작품을 구상하다가 세상을 떠났다. 사후에도 그의 대표작인 《피그말리온》이 〈마이 페어 레이디〉라는 제목으로 각색되어 뮤지컬과 영화로 엄청난 성공을 거두었다.

❝ 생각하기에 따라 인생은 완전히 달라진다. 딱 한 번뿐인 인생, 그것은 그냥 허비하라고 주어진 생이 결코 아니다. 그렇다면 그 인생에 꿈과 열정을 쏟아붓는 것도 멋진 일이 아닌가?

사람들은 항상 자신의 초라한 모습을 환경 탓으로 돌린다. 그러나 환경이라는 것을 믿지 마라. 각 분야에서 성공하는 사람들은 일어서서 그들이 원하는 환경을 찾고, 만약 찾을 수 없을 때에는 그러한 환경을 스스로 만들어나간 사람들이다.

아무리 극심한 고난이 닥치고 수모를 겪어도 그것에 좌절하지 않고 새롭게 희망을 갖고 자기가 가진 것으로 열심히 노력하면 누구나 삶의 새로운 전기를 마련할 수 있다.

우리를 나약하게 하는 것은 상황이 아니라 우리의 정신이다.

우리는 다른 사람과 경쟁하는 사회 속에서 살아간다. 오직 경쟁으로 살아남아야 한다. 학교에서 공부를 하든지 사회에서 직장에 취직을 하든지 무엇을 하든 경쟁이라는 단어를 제외시킬 수 없다. 그러다 보니 경쟁이라는 단어만 들어도 스트레스를 받게 된다.

경쟁이 있는 곳에는 시기와 질투와 암투가 난무한다. 선의의 경쟁이 많지 않다. 그러나 경쟁의 사회에서 경쟁하지 않고 살아갈 수 있는 비결이 있다. 그것은 나만의 재능을 발견하는 것이다.

남과 같은 것을 하다보면 경쟁은 필수적이다. 그러나 나만의 것을 찾아 그것을 이루어 간다면 경쟁에 그렇게 신경을 쓸 필요가 없다. 하늘이 주신 나만의 고유한 선물이 있다. 그것으로 승부하자. 그러면 나도 행복하고 남도 행복하게 될 것이다."

이해성이 있는 사람은 자신을 세상에 적응시킨다. 완고한 사람은 자신에게 세상을 적응시키려고 버틴다. 그러므로 모든 발전은 완고한 자들의 덕택이다.

– 버나드 쇼

산은 오르는 자에게
정복된다

PART 02

끝까지 꿈을 포기하지 않은 이혼녀

해리포터 시리즈의 작가 **조앤 K. 롤링** _ *Joanne Kathleen Rowling*

1966년 영국의 치핑 소드베리라는 작은 마을에서 태어난 한 어린 소녀가 있었다. 다른 아이들과 유별난 점은 몽상하는 기질이었다. 그녀는 어려서부터 "우리가 ~이 되었다고 상상해 보자!" 라는 말을 입에 담고 다닐 정도로 상상하는 놀이를 즐겨 했다.

후에 엑세터 대학 불문학과를 졸업한 조앤은 일반 비서직에 취직했으나, 항상 뭔가를 끄적거리며 공상하는 습관이 있었다. 그녀는 무슨 일을 하고 있든, 늘 정신 나간 사람처럼 무언가를 긁적이곤 했고 사무실에 있을 때 아무도 보지 않는 틈을 타서 생각나는 이야기들을 컴퓨터로 타이프 하는 일을 즐겨 했고 어쩌다 회의를 할 때도, 서류 귀퉁이에다 머릿속에 떠오르는 이야기 아이디어를 긁적이거나, 그럴듯한 등장인물들의 이름들을 이것저것 골라보는 둥, 멍청하게 거의 딴생각만

하고 있었다. 이런 그녀의 태도는 비서로서 책임을 감당하기에는 역부족이었고 결국은 그 회사에 더 이상 다닐 수 없었다.

그녀는 궁여지책으로 다시 맨체스터에 있는 회사에 취직했는데, 바로 집과 맨체스터를 오가는 기차 안에서 하나의 영감이 떠올랐다.

"난 그저 기차 안에 앉아 초원에서 풀을 뜯는 소 몇 마리를 멍청히 바라보고 있었어요. 그런데 바로 그때, 내 마음의 눈에 아이디어가 번뜩 나타났습니다."

그녀는 다시 포르투갈로 건너가 영어교사를 했고, 거기서 사랑하는 사람을 만나 결혼까지 하여 딸 하나를 낳았지만, 그 결혼은 불행하게도 3년도 채 못 가 파경을 맞이했다. 이혼녀로서 생후 4개월이 된 딸을 안고 가방 하나를 달랑 들고 다시 영국으로 돌아온 그녀는 일자리가 없어 1년여 동안 생활 보조금으로 연명하며 어려운 시기를 겪었다. 앞으로 어떻게 살아가나? 하루 생활하기조차 힘들 정도로 비참한 배고픈 생활을 하면서 아이를 키우고 글까지 계속 쓰는 것은 그리 쉬운 문제가 아니었다. 어디에 자리를 잡고 글을 쓸 것인가 하는 것이 더 큰 문제였다.

집이라고 해봐야, 그저 찬바람만 가릴 정도의 벽과 마룻바닥만 덩그러니 있는 곳이니 이런 곳에서 상상력이 넘치는 글을 쓴다는 것은 불가능했다. 그래서 겨우 생각해 낸 것이, 매일매일 아이를 유모차에 태우고 아이가 잠들 때까지 도시를 정처 없이 거니는 것이었다.

그리고 일단 아이가 잠들면 글을 쓸 수 있는 근처 카페 '니콜슨' 으로 향했다. 거기에서 한 손으로 유모차를 밀며 오로지 글쓰기에만 매달렸다.

이런 일을 겪으면서 마침내 그녀는 하나의 소설을 완성했다. 그녀는 출판하기 위해 주소록을 뒤져서 에이전트 두 명에게 각각 원고를 보냈다. 심지어 그녀는 8만 단어에 이르는 방대한 원고를 복사할 비용이 없어서 가까스로 구한 구식 타자기로 손수 두 번을 타이핑까지 했다. 이렇게 해서 1997년에 드디어 《해리포터와 마법사의 돌》이 출판되었다.

그러자 이 책에 대한 호의적인 평이 사람들의 입으로 전해지면서, 몇 달이 채 되지 않아 전 세계 출판업자들로부터 문의 전화가 쇄도하기 시작했다.

어느 누구도 예측 못했던, 작가 자신도 꿈도 꾸지 못했던 '해리포터 열풍'은 온 지구촌을 뒤흔들기 시작했으며 그녀는 일약 세계적 베스트작가로 자리를 잡게 되었다.

그 탁월한 문학성을 인정받아 2000년 영국 최고의 문학상인 '올해의 작가상' 수상자로 선정되었으며 영국 왕실로부터 작위를 수여받았다. 그녀는 2000년 한 해 동안 영국에서 가장 돈을 많이 번 여성으로 밝혀졌고 지금까지 그 기록은 계속되고 있다.

❝ 어릴 때에 품었던 꿈이 있는가? 그러면 그 꿈을 다시 찾아보자. 비록 많은 어려움을 현재 당하고 있다고 해도 끝까지 포기하지 않고 계속 해나가면 조앤 K. 롤링처럼 언젠가는 나에게도 좋은 결과가 나타날 수 있다.

나에게만 주어진 놀라운 특징이 있다. 그것을 극대화시키면 어느 누구도 인생의 성공자가 될 수 있다. 지속적으로 발전시키면 자기도 예측하지 못한 기적의 일들이 일어난다.

이것은 특별한 이야기가 아닌 우리의 일상생활 속에서 찾을 수 있다. 지금 내가 좋아하는 일을 찾아 그 일에 몰두하고 나가면 나에게도 항상 가능성이 있다.

중요한 것은 어떤 고난에도 불구하고 하나님이 모두에게 준 천재적인 끼의 선물을 찾아서 고귀하게 생각하면서 그것을 발전시켜 나가느냐 하는 데 있다. 이것을 이루기 위하여 닥친 많은 인생의 고난과 좌절은 오히려 나에게 있는 꿈을 더욱더 다지는 기회가 된다.

꿈은 언제나 고난을 먹고 자라간다. 그렇게 잉태된 꿈은 물거품처럼 한순간에 터지지 않는다. 아직 꿈을 찾지 못한 것도 불행하지만 이미 꿈을 찾았으면서도 그것을 끝까지 붙잡고 전진하지 못하고 중간에 포기한 것도 불행한 일이다.

당신은 죽는 순간까지 놓치지 않고 계속 발전시켜 나가는 것을 붙잡고 사는가? 그러면 지금의 삶은 아무리 어려울지라도 머지않아 희망이 있다. 그러나 아직까지 그것이 없다면 나에게 주신 하나님의 끼를 하루빨리 찾아라.

실패자와 성공자의 차이점은 단 하나다. 실패자는 자신이 하고 싶은 일을 하지 못하는 자이고 성공자는 자신이 하고 싶은 일을 하는 자이다. 자신이 하고 싶은 그 일을 찾아 전력투구하면 누구에게나 성공은 보장되어 있다.

하나님은 공평하시다. 어떤 특별한 사람에게만 주시지 않았다. 누구에게나 자기가 하고 싶은 그 일을 주셨다. 1%의 가능성만 보여도 도전하라. 그리고 그것을 점차 극대화시켜라. 그러면 그것이 언젠가는 나에게 기적을 안겨줄 것이다. **"**

충분한 용기만 있다면 무엇이든 가능하다. – 조앤 K. 롤링

완전히 끝날 때까지는 아직 끝난 것이 아니다

이탈리아 최고의 바이올린 연주가 **니콜로 파가니니** _ *Niccolo Paganini 1782-1840*

이탈리아의 바이올린 연주가이면서 작곡가인 니콜로 파가니니는 역사상 존재했던 가장 뛰어난 바이올린 연주가로 알려져 있다. 19세기 중반 그가 마지막 연주를 할 때 있었던 일이다.

사람들은 거장의 마지막 연주를 듣기 위해 세계 도처에서 몰려들었다. 공연장은 그를 찬미하는 사람들로 발 디딜 틈이 없었다. 그런데 문제는 파가니니가 앞부분을 연주할 때 그만 바이올린 현 하나가 끊어지는 사고가 발생한 것이었다. 맨 앞줄에 앉은 사람들은 그의 바이올린 현이 끊어진 모습을 볼 수 있었다. 그러나 파가니니는 동요하지 않았다. 빨리 손을 고쳐 잡고 나머지 세 개의 현으로 연주를 계속했다. 대부분의 관중들은 무슨 일이 일어났는지 전혀 눈치를 채지 못했고 연주는 계속되었다. 그런데 또 두 번째 현도 끊어지는 불운의 사태가 생겼

다. 이것을 보던 관중들은 웅성거렸다. 그때 파가니니는 무대 끝으로 걸어가 손을 들고 이렇게 말했다

"여러분, 파가니니는 아직 끝나지 않았습니다."

그는 바이올린을 들고 두 개의 남아 있는 현으로 연주를 계속했다. 관중들은 넘치는 파워와 자신감으로 연주하는 파가니니의 모습에 완전히 압도당했다. 그런데 또 세 번째 현도 끊어졌다. 관중들은 어쩔 줄 몰라 했다. 장내는 소란스러웠고 여기저기서 사람들이 자리에서 일어났다. 그러자 파가니니는 무대 구석에 있는 의자를 들었다. 꽝 소리가 나게 내려놓았다. 그리고 그 의자 위로 올라가 힘을 다해 이렇게 소리쳤다.

"여러분 파가니니는 아직 끝나지 않았습니다!"

그는 바이올린을 다시 잡고 손가락을 남아 있는 단 하나의 현 위에 올려놓았다. 그리고 의자 위에 서서 단 하나의 현에 의지해 23분을 더 연주했다. 그리고는 일부러 그 줄도 끊어버렸다. 이것으로 파가니니의 연주는 끝났다.

❝ 아직 숨이 남아 있는 한 나는 살아갈 만한 가치와 이유가 있는 사람이다. 결코 포기하지 말고 마지막 남은 하나의 현으로 인생을 연주하라. 오늘이 마지막이라 생각하고 아름답게 살아가라. 나의 실패로 인하여 사람들이 나의 주위를 하나씩 떠날지라도 마

지막 남은 한 사람이 있다면 아직 해야 할 일이 남아 있는 것이다.

어차피 모든 것의 시작은 없는 것에서 시작했고 단 하나에서 시작한 것이 아닌가? 그렇다면 그런 상황이 다가온다 할지라도 우리는 낙심해서는 안 된다. 마지막까지 하던 일을 포기해서는 안 된다. 단 1%의 희망이 남아 있다 할지라도 그때까지 최선을 다해야 한다. 세기의 기적들은 그 마지막 1%에서 종종 일어났다.

보이는 숫자 중심으로 성공을 평가하는 사람들에게 1%는 아무것도 아니며 그것은 실패의 상징이다. 그러나 보이지 않는 인간의 가능성과 하나님의 은혜를 아는 사람들은 언제나 그 1%에서 인생을 새롭게 시작하여 성공을 이루었다. 알고 있는가? 1%의 비밀을 아는 자가 진정한 성공자이다. "

나는 피아노의 파가니니가 되겠다! - 프란츠 본 리스트

불행을 먹고 대성한 사람

팬터마임의 천재 **찰리 채플린** _ *Charles Chaplin* 1889-1977

런던에서 태어난 찰리 채플린은 아버지 어머니 모두가 연예인이었다. 채플린이 1살 때 채플린의 부모는 별거했고 알코올 중독자인 아버지는 채플린이 어렸을 때 세상을 떠났다. 어머니는 생활의 빈곤 때문에 발광하여 정신병원 신세를 지다가 결국 돌아가셨다.

채플린은 6살 때부터 빈곤과 어머니의 정신병원 입원으로 고아원을 전전했다. 가정환경이 불우했던 채플린은 어머니의 끼를 이어받아 5살 때 어머니 대역으로 무대에서 노래를 부르면서 연예계에 발을 내딛었다. 특히 팬터마임에 천부적인 재능을 발휘했다.

〈생계 (Making a living)〉를 첫 작품으로 하여 35편의 영화에 출연하는 등 영화계에서 대성공을 거둔 그는 천국으로 떠날 때에 오스카상을 받앉다.

　채플린이 이렇게 성공을 거둔 것은 불행한 환경을 끝까지 이기면서 자기의 독창적인 연기를 개발한 덕분이었다. 찰리 채플린이 처음 영화에 출연했을 때 감독은 그에게 다른 연기 배우의 흉내를 내라고 지시했다. 하지만 채플린은 그 어느 누구의 흉내도 내지 않고 피나는 노력 끝에 그만의 독특한 연기를 개발하여 당당히 무성 영화시대의 일인자가 되었다.

　오늘날까지도 수많은 사람들이 찰리 채플린의 독특한 연기를 사랑하고 흉내 내는 것을 좋아할 정도로 그의 인기는 대단하다. 중산모와 헐렁바지, 콧수염, 덜렁구두, 지팡이, 오리걸음의 모습은 찰리의 대표적인 연기의 캐릭터이다. 이렇게 채플린이 20세기 최초의 대중적 슈퍼스타로 인정을 받는 것은 각본·음악·제작·안무 등 거의 모든 중요한 부분을 소화해 내는 다재다능함과 언어·지역·시대를 초월한 천부적인 연기력으로 관중들에게 웃음과 눈물을 함께 주는 삶의 특이함에서 비롯된 것으로 보인다. 그의 이런 천재적인 면은 이미 부모에게서 부여받은 선천적인 능력과 어려운 고난의 삶 속에서 배운 것들이라는 데 큰 이견이 없다.

❝ 우리는 나에게 주어진 것을 최대한 즐기는 자가 되어야 한다. 누구도 따라잡을 수 없

는 나만의 토양이 있다. 그 토양을 떠나면 나라는 존재는 죽게 된다.

그럼에도 많은 사람들은 자기에게 주어진 토양을 인정하지 않고 다른 사람의 토양에 심겨지기를 원한다. 한국 소나무는 한국의 토양에서 자랄 때 만들어진다. 그래서 한국 소나무를 이식할 때 토양까지 같이 이식하여 운반하는 것을 본다.

우리가 노래를 부를 때 내가 알고 있는 노래만 부를 수 있다. 내가 본 것만 말할 수 있고 내가 느낀 것만 쓸 수 있다. 그렇다면 나에게 주어진 환경을 최대한 사용하는 사람이 되어야 한다. 그것이 나를 성공하게 만드는 비결이다. 설사 태어날 때부터 불행한 조건에서 태어났다 할지라도 하는 일마다 안 되고 실패의 연속이 된다 할지라도 우리는 그것을 불평해서는 안 된다. 좋든 나쁘든 상관하지 말고 그 토양에서만 자랄 수 있는 나무를 키워야 한다. 그러면 누구도 부럽지 않은 나무를 만들 수 있다.

어떻게 인생이 풀려나가든지 상관하지 말고 그 토양에서 좋은 것과 특별한 것을 찾아내면 누구도 따라올 수 없는 나만의 작품을 만들 수 있다.

땅에 퇴비를 사용해 보아라. 어떤 퇴비가 좋은가? 냄새 나고 역겹고 지저분하고 더러운 것들이 많이 섞여 있는 퇴비가 양질의 퇴비다. 그런 토양이 오히려 좋은 나무를 만든다.

하나님은 우리를 망하게 하지 않는다. 누구도 성공하기를 원한다. 다른 사람의 흉내를 내지 않고 다만 있는 자리에서 나만의 고유한 특징을 살려 일생의 작품을 만들어 나간다면 누구도 성공적인 인생이 될 수 있다. 경험과 환경과 유전과 상황의 여건들이 어떻게 진행되든지 그것을 활용하기에 따라 열매는 전혀 다르게 맺혀진다. 각자 다른 토양이 존재하듯이 우리의 삶의 모양도 각각 다르다.

중요한 것은 자기 토양을 찾아서 그 토양에 맞는 인생나무를 자라게 하는 것이 우리의 최대의 과제이다. 눈물을 흘려본 사람이 눈물 머금은 기쁨을 이야기할 수 있고 고난의 쓴맛을 본 사람이 쓴맛 후에 오는 달콤함을 이야기할 수 있다. 〞

인생이란 가까이서 보면 슬프고, 조금 멀리서 보면 우습다. – 찰리 채플린

계속 거절당하는 인생을 헤치고 나갈 때…

영국의 대문호 **찰스 디킨스** _ *Charles Dickens* 1812-1870

영국 런던에 작가 지망생인 청년이 있었다. 그는 가난 때문에 초등학교 교육만을 받았을 뿐이며, 그 후에 독학했다. 정규 교육이라곤 4년밖에 받지 못했고 그의 아버지는 낭비로 인해 빚을 갚지 못해서 감옥살이를 했다.

생활은 너무나 가난하여 끼니를 잇기도 힘들었다. 겨우 직업을 찾았는데 음침한 창고 안에서 구두약통에 상표를 붙이는 일이었다. 12세 때는 구두약 공장에 다니면서 돈벌이를 해야 했다. 밤이면 초라한 지붕 밑 다락방에서 부랑아들과 새우잠을 자곤 했다. 그 와중에서도 그는 작품에 대한 미련을 버리지 못하고 글을 썼다.

혹시라도 남들이 보면 비웃을까봐 몰래 출판사로 보냈지만 돌아오는 것은 반송뿐이었다.

이런 생활이 계속되었다. 아무리 보아도 앞이 안 보이는 암울한 생활이었다. 언제까지 이런 생활을 계속해야 하는가?

그러던 어느 날이었다. 한 출판사에서 그를 만나보고 싶다고 편지가 왔다. 출판사의 편집자는 그가 무명작가이기에 당장 원고료를 지불할 수 없지만 일단 책으로 출판해 보자고 제의했다. 이 청년은 그것만 해도 감사했다. 그는 흘러내리는 눈물을 닦지도 않고 거리를 쏘다녔다.

그동안의 고통스러운 시간들이 주마등처럼 스쳐 지나갔다. 드디어 무명작가이지만 일단 책으로 출판하면서 세상에 자기의 글을 선보인다는 것에 그저 설렐 뿐이었다. 그가 바로 그 유명한 단편소설 〈크리스마스 캐럴〉로 알려진 작가 '찰스 디킨스'이다.

❝ 살다보면 막다른 골목에 들어선 느낌을 가지면서 도저히 안 될 것 같은 생각이 들 때가 있다. 그런 생각이 미치면 자기가 꿈꾸던 일에 불가능을 깨닫고 많은 사람들이 그만둔다. 그리고 다른 일을 찾든지 아니면 가졌던 꿈을 저버리기 쉽다. 그러나 안 되는 것은 더 좋은 작품을 만들기 위한 보이지 않는 과정 중에 있는 것이다.

우리는 자칫 자기의 불우한 환경으로 인해 쉽게 자포자기하기 쉽다. 나보다 외적인 나은 조건을 가진 사람을 비교하면서 늘 한탄하며 사는 사람이 있다. 그러나 사람의 인생은 그렇게 쉽게 평가될 수 있는 것이 아니다. 끝까지 가보아야 안다. 죽기 전까지는 아니 죽은 이후에 몇 십 년이 지나서도 그 사람의 생애를 평가하기는 쉽지 않다.

사람마다 이 세상에 태어날 때는 자기에게 주어진 일이 있다. 이 세상을 살아가는 삶은 다른 사람의 생을 대신 살아가는 것이 아닌 나에게 주어진 삶을 사는 것이다. 나는 나 나름대로의 특별한 삶이 있다.

누구에게든지 보화는 있다. 다만 그 보물을 찾는 자만이 보물을 누리게 된다. 인생은 자기 안에 숨겨진 보물찾기와 같다. 도저히 찾을 것 같지 않은 막막한 산을 뒤지면서 보물을 찾아내는 것처럼 우리의 인생은 나에게 숨겨진 놀라운 보화를 찾아나서는 여행과 같다. 그 보화를 찾아 갈고 다듬어서 빛나게 해야 한다.

마치 다이아몬드 광석을 찾았다 해도 그대로 두면 쓸모없지만 그것을 잘 갈고 닦으면 훌륭한 보석으로서 그 가치를 드러내는 것처럼 인생도 마찬가지다.

마음에 끌리는 것을 계속 도전하고 쉬임없이 찾아보자. 일곱 번 넘어져도 다시 일어서는 오뚝이처럼 새로운 시도를 해보자. 그러면 언젠가 나에게도 나만의 보화를 찾아 다른 사람을 기쁘게 할 날이 찾아온다. 아주 작은 1%의 가능성이라도 소홀히 여기지 말고 그것을 시작으로 다시 인생을 개척해 나가보자. 하나님이 만든 인간은 다른 동물과 다르게 하나님의 형상이 들어 있다고 하지 않았는가? 오늘도 내 안에 있는 그 놀라운 1%의 가능성에 도전을 해보자. 이리저리 쫓겨 다니는 초라한 옥탑방에서라도 그 가능성을 찾아 나서면 어떨까? 🎵

질병과 슬픔이 있는 이 세상에서 우리를 강하게 살도록 만드는 것은 웃음과 유머밖에 없다. - 찰스 디킨스

최고의 목적은 자신이다

노르웨이의 생물학자이자 탐험가인 **프리조프 난센** _ *Fridtjof Nansen* 1861-1930

노르웨이의 생물학자이자 탐험가인 프리조프 난센은 동료와 단둘이서 북극의 호아무지를 가다가 그만 길을 잃었다. 길을 헤매느라 가지고온 식량을 다 써버렸다. 결국 둘은 썰매 끄는 개를 한 마리씩 잡아먹었다. 그리고 개들이 쓰던 가죽 덮개마저도 먹어치웠다. 나중에는 등잔에 쓰는 고래기름마저 먹어버렸다. 이제 더 이상 먹을 것이 없었다. 기진맥진하여 소망이 없어 보였다. 이제 죽을 날만 기다리는 신세가 되었다. 그나마 같이 힘을 얻었던 동료마저도 힘든 역경을 이기지 못하고 죽고 말았다. 절망적이었다. 도저히 살아날 길이 보이지 않았다.

그러나 난센은 포기하지 않았다. 그는 스스로에게 말했다. "한발 더 갈 수 있다." 그리고 계속하여 자기에게 말하며 힘을 얻었다. 그는 살을 에는 추위 속에서 한 걸음 앞으로 내디뎠다. 아무것도 보이지 않지만 그래도 희망을 가지고 앞을 향해 내딛었다. 마침내 어느 빙산 꼭대기에서 자신을 찾으러 온 탐험대를 발견했다. 난센은 절망적인 상황을 자신의 인격을 발전시킬 기회로 삼았다. 그는 자신의 마음을 깊이 탐구했고 결코 포기하지 않는 불굴의 정신을 발견했다. 결국 그는 탐험에 나서서 불굴의 위대한 탐험가임을 증명했고 탐험에서 살아 돌아옴으로써 포기하지 않는 아름다운 모습을 세상에 보여주었다.

" 어느 것보다 자기를 정복하는 것이 가장 어렵다. 인생에서 진정 정복해야 할 것은 산이나 업적이나 지위가 아니다. 물질이나 명예 또한 아니다. 모든 것을 얻어도 자신을 정복하지 못하면 아무것도 아니다. 자기를 이기고 자기를 깨닫는 것이 결코 쉽지 않은 작업이다.

그럼에도 우리는 자신을 탐구하고 진정한 자기를 발견해야 한다. 특히 고난과 절망 속에서 자신의 진실함을 발견할 수 있다면 이보다 더 좋은 일은 없다. 자신의 무력함과 부족함을 깨닫고 그 속에서 보이지 않는 초월자이신 하나님을 만날 수 있다면 더없이 좋은 일이다. 알지 못하는 어떤 도움의 손길을 외부로부터 받을 때 우리는 내가 할 수 없는 신비적인 힘을 느낀다. 이런 고난을 통해 절대자이신 하나님을 만날 수 있다면 이보다 더 좋은 일은 없으리라. "

인생에서 가장 중요한 일은 자기를 발견하는 것이다.   - 난센

게으른 느림보 고집쟁이

천재 과학자 **알베르트 아인슈타인** _ *Albert Einstein 1879-1955*

우리에게 천재 과학자라고 알려진 아인슈타인은 어릴 때 많은 면에서 뒤지는 아이였다. 말을 배우는 것조차 상당히 더뎌서 혹시 지진아가 아닌가 하고 부모가 걱정을 할 정도였다. 그러다가 말을 겨우 할 수 있었지만 그것 역시 어눌하기 그지없었다. 그는 말뿐 아니라 행동도 느려서 "느림보 신부님"이란 별명을 얻었다. 항상 편한 것만 고집하는 버릇이 있었고 달리거나 뛰어다니는 따위의 힘들게 몸을 움직이는 일은 싫어했다. 학교에서 문학과 산수에는 흥미가 있었지만 국어와 역사는 별로 관심이 없었다. 이런 과목은 남들에게 보이기 위한 시늉조차도 하지 않았다. 한번은 선생님 한 분에게서 "네가 우리 학교를 떠났으면 좋겠구나"라는 말을 들었다. 학교에 흥미를 가지지 못했던 아인슈타인은 결국 학교를 떠나게 되었는데 이때 수학 선생님에게 부탁하여 수학 실력이 뛰어나다는 사실을 증명하는 성적표를 받아 놓았다.

후에 취리히의 공과대학에 들어가게 되었는데 수학 실력을 인정받았지만 현대어와 동식물 과목에서는 성적이 모자라 합격을 하지 못했다. 그러나 수학실력 덕분에 다시 학교에 들어가 공부하게 되었다. 그리하여 열여섯 살에 불합격의 고배를 마셨던 바로 그 대학에서 마침내 서른네 살의 나이로 교수가 되었다. 그리고 마흔두 살에 광자를 발견한 공로로 노벨 물리학상을 받았다.

" 사람이 모든 분야에서 뛰어날 수 없다. 인간은 누구나 자기만의 강점을 지니고 태어난다. 내가 잘 할 수 있는 분야가 있다. 그 분야를 찾아 그것에 올인 한다면 누구도 성공할 수 있다. 지금 못하는 것 때문에 의기소침하지 말자. 포기하는 것은 더군다나 더 안 된다. 하늘이 나에게 준 나만의 천재성을 찾아내 그것에 도전하자.

열정을 바치면 나도 그 분야에서 탁월한 능력을 인정받을 수 있다.

못하는 과목에 매달려 무력감을 느끼지 말고 잘하는 것에 나의 인생을 걸어보라. 나는 나의 길이 있다. 그 길을 갈 때 가장 행복하다.

산을 올라갈 때 우리는 한길만 생각을 한다. 그러나 수많은 길이 있다. 길이 없다면 새롭게 개척해 나갈 수 있다. 나의 길을 찾아 남들이 가지 않은 길이라 할지라도 그

길을 간다면 나에게도 행복과 성공은 찾아온다.

사실 학교는 나의 잘하는 것을 찾아주는 곳이다. 나를 공부 못하는 사람으로 서열을 매기는 곳이 아닌 나만의 길을 다양한 경로를 통하여 찾아주어 그 길을 가게 하는 곳이 학교다. 이런 학교가 많아졌으면 좋겠다. 인간에게 행복을 찾아주는 그런 학교가 많아질 때 우리사회는 행복해질 수 있다. 실패를 하는가? 그것은 나만의 길을 찾기 위한 과정일 뿐이다. 그런 면에서 실패는 당연한 것이다. 실패를 두려워하지 말고 가장 적합한 그 길을 계속 찾는 기회로 삼으라. 〞

오직 남들을 위하여 산 인생만이 가치 있는 것이다. - 알베르트 아인슈타인

병약한 영웅

미국 초대 대통령 **조지 워싱턴** _ George Washington 1732-1799

이 사람은 과연 누구일까?

- 17세 22세 29세 때 말라리아에 걸림.
- 19세 때 천연두에 걸림.
- 20세 때 늑막염에 걸림.
- 35세 때 급성 이질에 걸려 죽을 고비를 넘김.
- 43세 때 치아가 거의 손상되는 고통을 당함.
- 43세 때인 1775년 미국 혁명군의 사령관이 되어 독립 운동을 지휘하여 승리함.
- 55세 때 미국의 초대 대통령에 당선됨.
- 67세 때 사망

이 사람의 이름은 '조지 워싱턴'이다. 하나님을 믿는 믿음으로 어려울 때마다 기도하며 역경을 이겨나간 조지 워싱턴은 지금도 미국 국민에게 아름답게 기억되고 있다.

> 사람은 살면서 계속되는 병으로 고생할 때가 있다. 어떤 이는 태어날 때부터 병약한 상태에서 일생 동안 병을 지니고 산다. 그래서 때때로 병으로 인해 자신의 불행을 한탄하며 지낸다. 그러나 그 가운데서도 꿈을 가지고 나간다면 이길 수 있다. 가장 행복한 사람은 비록 남들이 불행하다고 말해도 내가 불행하다고 생각하지 않는 사람이다. 그러나 가장 불행한 사람은 충분히 이길 수 있고 할 수 있는 여력이 남았는데도 감사할 수 있는 여건이 있는데도 스스로 불행하다고 생각하며 늘 자기보다 나은 사람을 비교하며 좌절하는 사람이다.
>
> 오늘도 생각하기에 따라 한 순간에 가장 행복하기도 하고 또한 가장 불행하기도 하다. 지금의 나의 약함은 알고보면 많은 사람들에게 감동을 줄 수 있는 아주 좋은 강점이다. 어떤 말보다 감동적일 수 있고 다른 사람에게 용기를 줄 수 있다.

거룩한 섬광과 같은 것은 부족하지만 그러나 너의 가슴이 살아 숨쉬도록 하는 것, 그것은 양심이다. - 조지 워싱턴

들어서 읽어라

중세의 성자 **어거스틴** _ Aurelius Augustine 354-430

젊은 시절 어거스틴은 놀기 좋아하고 욕망에 사로잡혀 오직 육체의 정욕과 세상의 쾌락만을 좇으며 방탕한 생활을 했다. 무엇이 순수한 사랑이고 무엇이 추잡한 정욕인지를 분간하지 못하며 만족할 줄 모르는 육체의 욕망과 쾌락에 빠져 시간을 보내고 있던 어거스틴은 점차 인생의 즐거움보다는 낙담과 불안감만 일어나며 말할 수 없는 슬픔에 깊이 빠져들었다. 어거스틴이 계속하여 빗나가자 그의 어머니 모니카는 조용히 말했다.

"음행은 하지 말아라. 특히 다른 사람의 아내를 더럽히지 말아라."

그러나 그런 어머니의 충고에도 아랑곳하지 않았다. 오히려 친구들에게 자기의 추행을 자랑스럽게 생각하며 남들에게 흉잡히지 않기 위해 추행하며 지내는 것을 자연스럽게 생각하였다.

이제는 방종도 심해져 방탕한 지경에 이르렀다. 도둑질도 서슴없이 했다. 어거스틴은 나쁜 짓 자체를 사랑했으며 그것을 즐겼다. 심지어 이단 사이비 종파에 심취하여 점점 그의 상태는 나빠져만 갔다. 그는 자신의 의지로 그 방황의 늪에서 벗어나려고 애를 썼지만 그러면 그럴수록 방탕의 늪에서 더욱 헤어나지 못했다. 이제는 거의 모든 것을 포기한 절망적인 상태에 놓이게 됐다.

그러던 386년 여름 어느 날, 밀라노 정원에서 주위에서 들려오는 어린이 성가대의 찬양 소리를 문득 듣게 되었다. 그 찬양 소리는 "성경을 들어 읽어라"는 내용의 노래였다.

그가 문득 그렇게 멀리했던 성경을 들어서 펼치자 로마서 13장이 눈에 들어왔다. 거기에는 이렇게 기록이 되어 있었다.

"또한 너희가 이 시기를 알거니와 자다가 깰 때가 벌써 되었으니 이는 이제 우리의 구원이 처음 믿을 때보다 가까웠음이니라 밤이 깊고 낮이 가까웠으니 그러므로 우리가 어두움의 일을 벗고 빛의 갑옷을 입자 낮에와 같이 단정히 행하고 방탕과 술 취하지 말며 음란과 호색하지 말며 쟁투와 시기하지 말고 오직 주 예수 그리스도로 옷 입고 정욕을 위하여 육신의 일을 도모하지 말라."

어거스틴은 이 말씀을 읽자마자 가슴에 뜨거움을 느끼며 자기의 악한 죄를 회개하기 시작했다. 그 이후로 완전히 변화되어 하나님의 도움으로 방탕한 탕아의 역사를 청산하고 "성인"의 칭호를 받게 되었다. 그 이후에 어거스틴은 초대 역사상 가장 영향력 있는 교부, 사상가가 되었다.

우리는 방탕아 어거스틴을 성자 어거스틴이라고 감히 부른다. 그의 죄악된 사생아를 낳은 모습까지 아주 솔직하게 기록한 《참회록》은 지금까지 사람들에게 읽혀지는 유명한 세계의 고전이 되고 있다.

> 세상에는 아주 악한 죄인도 아주 선한 의인도 없다. 선인이면서 죄인이요 죄인이면서 선인이 될 수 있는 것이 인간이다. 아무리 악한 탕자요 엄청난 죄를 저지르는 죄인이라도 하나님으로부터 자기의 죄를 용서받고 다시 출발한다면 그는 참으로 아름다운 삶을 살 수 있다.
> 어둠의 절망 속에서 수없는 죄와 타협하여 사는 현대인들에게 다시 돌아와 회개하기를 외치는 세미한 소리에 우리는 귀 기울여야 한다. 오늘도 그 음성만 듣고 실천하면 누구든지 성자의 소망이 있다. 지금이라도 모든 것을 회개하고 마음을 돌이키면 누구도 선인이 될 수 있다. 숨이 넘어가는 죽기 전까지는 아주 늦은 사람은 하나도 없다. 모두에게 다시 새로워질 기회가 있다. 깨닫는 순간을 가진다면 그때가 새롭게 태어나는 순간이다.

무엇을 유산으로 남길 것인지, 즉 어떤 사람으로 기억되고 싶은지 스스로에게 물어보는 것이 성인이 되는 첫걸음이다. - 성 어거스틴

상상을 현실로

고대유적 트로이를 발견한 고고학자 **하인리히 슐리만** _ *Heinrich Schliemann*
1822-1890

　　　정식 학교 교육을 받지 못했으면서도 강한 결심 하나로 인생을 성공으로 이끈 예는 수없이 많다. 1822년 1월 6일 독일 노이부코브에서 목사의 아들로 태어난 하인리히 슐리만은 고대도시 프리아모스 (Priamos) 를 발굴하겠다는 목표를 어릴 때부터 세웠다.

이렇게 슐리만이 고대세계에 관심을 갖게 된 것은 아버지 덕분이었다. 고대역사에 관심을 가졌던 아버지는 틈나는 대로 아들에게 호메로스의 서사시의 영웅이나 트로이 전쟁에 관한 이야기를 들려주었다. 8살 때 하인리히는 어느 잡지 기사에서 불타고 있는 트로이의 그림을 보고 '고대 트로이의 성벽이 실제로 저렇게 튼튼했다면 흔적이나 잔해만이라도 찾을 수 있을 거야' 라고 생각했다. 아버지는 트로이에 관한 이야기는 실제가 아닌 상상의 이야기라고 말했지만 하인리히는 실제로 믿었다.

  하인리히는 가정형편이 어려웠다. 어머니가 일찍 세상을 떠나고 나중에는 아버지의 경제 형편이 어려워 학교를 그만두고 식료품 가게에 들어가 가게운영 방법을 배웠다. 그런 가운데서도 하인리히는 트로이를 발굴하겠다는 꿈을 버리지 않았다. 그것을 발견하려면 엄청난 돈이 필요하다는 것을 깨닫고는 돈을 벌기로 마음먹었다. 범선의 사환으로 일하던 중에 폭풍을 만나 난파된 선원의 신세가 된 하인리히는 네덜란드에 들어갔다. 그리고 암스테르담 무역회사에서 3년간 일하면서 2년 동안 외국어에 재능을 발휘하여 네덜란드어 · 영어 · 프랑스어 · 스페인어 · 이탈리아어 · 포르투갈어 등 6개 국어를 유창하게 구사할 수 있게 되었다. 그런 다음 미국으로 건너가 은행을 열어 엄청난 돈을 벌었다. 그는 아랍어와 그리스어 등 여러 언어를 계속 배웠다. 때가 되자 그는 사업에서 손을 떼고 본격적인 발굴 작업을 시작하여 48세에 드디어 그가 어렸을 때부터 꿈꿔왔던 트로이 유적을 실제로 발견해 내는 데 성공했다. 두 번에 걸친 결혼의 실패를 경험했지만 자기의 꿈을 이루기 위해서 노력하여 마침내 상상으로 여겼던 불가능한 트로이 유적을 찾아낸 것이었다.

> 언제나 꿈은 상상으로 시작된다. 현실을 넘어 상상한 것이 언젠가는 이루어질 줄 믿고 달려가는 삶은 아름답다. 한 가지 꿈을 품고 온 열정을 다해 목표를 이루는 것은 사람이라면 한번쯤 품었던 모습이다.
>
> 꿈을 품어 노력했지만 그것을 이루지 못하고 다음 세대에 물려주어야 하는 경우도 생긴다. 그렇다 하더라도 우리는 꿈을 포기하지 말아야 한다. 사람에게 희망이 없다면 그것은 죽은 것이나 다름없다. 꿈이 없고 희망이 없다면 더 이상 살아야 할 이유가 없다.
>
> 오늘도 잃었던 꿈을 다시 찾아 가슴에 품고 그것을 이루기 위해 수고해 보자. 어차피 원대한 꿈을 이루기 위해서는 짧은 인생이다. 그렇다 하더라도 그 꿈을 품고 하루하루를 살아가는 것은 인생의 행복을 아는 사람의 모습이다.
>
> 꿈을 품은 순간 숨었던 나의 에너지가 솟아오른다. 어차피 모두가 사라질 것이라면 정말 가치 있는 것에 나의 모든 것을 바쳐보자. 가능하면 나뿐 아니라 모두에게 희망을 주는 그런 일에 올인 해보자. 2%의 틈새를 찾으면 나도 할 일이 생긴다. 남이 미처 보지 못한 그 일을 찾아 나의 재능을 바쳐보자.

나의 인생 후반기에 진행됐던 모든 발굴 작업이 어린 시절에 받았던 여러 가지 감명에 의해 크게 좌우되었고, 그뿐만 아니라 그것은 필연의 결과였다.

– 하인리히 슐리만

작품을 만드는 용광로

위대한 작품들

우리가 알고 있는 유명한 작품들은 모두가 불행했던 환경과 조건을 이기고 피어난 것들이다.

- 《로빈슨 크루소》 – 디포가 감옥에서 쓴 것이다.
- 위대한 많은 교향곡들 – 베토벤이 귀머거리가 되고 슬픔에 잠겼을 때 완성한 것이다.
- 《천로역정》 – 존 번연이 눈썹에 곰팡이가 날 정도의 음침한 감옥에서 쓴 것이다
- 독일어 평신도 성경 – 마틴 루터가 원수들의 눈을 피해 발트부르크 성에 숨어서 번역한 것이다.
- 영감의 찬송가들 – 크로스비가 소경으로 있으면서 작곡한 것들이다.

- 《사기史記》 - 사마천이 정치범으로 몰려 궁형(宮刑)을 받고 원한을 달래며 저술한 것이다.
- 《손자병법》 - 손자가 동료의 모함으로 인해 두 다리를 절단 당하는 고난을 이기고 저술한 것이다.
- 《기독교 강요》 - 칼빈이 육신의 고통에 시달리는 가운데 저술한 것이다.

❝ 지금의 역경이 나의 것을 위대하게 만드는 좋은 자리임을 알고 있는가? 이런 불리한 환경과 조건들이 내가 억지로 만든 것이 아니라면 그것은 분명 하나님이 주신 절호의 기회이다. 이 기회를 놓치지 말고 그 안에서 열심히 최선을 다해 지금 하던 일을 멈추지 말고 계속한다면 좋은 결과가 있을 것이다.

우리가 진정 걱정해야 하는 것은 나에게만 닥친 불리한 환경이 아니라 불리한 환경이 순결하고 강하고 위대한 것을 만드는 용광로인 것을 보지 못하고 깨닫지 못하는 것이다. ❞

역경은 진리로 통하는 으뜸가는 길이다. - 조지 고든 바이런

불행한 이력서

시인이며 소설가인 **세르반테스** _ Miguel de Cervantes Saavedra 1547-1616

그는 학교의 정규 교육을 조금도 받지 못했다. 이탈리아에서 추기경의 하인으로 시중을 드는 일을 했다. 1517년에 레반트 해전에서 부상당하여 팔 하나를 잃어버려 불구가 되었다.

귀국 도중에 흑인에게 붙잡혀 알제리에서 5년간 노예 생활을 했다.

그는 시인으로서 극작가로서 또 소설가로서 57세까지 활동했지만 별로 세상에서 빛을 보지 못했다. 그러다가 58세 때 《돈키호테》를 출간하면서 일약 인기작가가 되어 명성을 누렸다. 그 이름이 바로 '세르반테스'이다.

❝ 좋은 일을 하면서도 사람에게 인정받지 못하는 일이 많이 있다. 좋은 작품 가운데 세인들에게 인정받지 못하는 작품이 많다. 인정받는 것만이 좋은 것이라는 생각은 잘못이다. 어떤 것은 죽은 후에야 비로소 인정받는 작품과 사람이 있다. 중요한 것은 꾸준히 자기에게 주어진 일에 만족하면서 진실을 향해 달려가는 것이다. 그 자체로 만족한다면 그 사람이 행복한 사람이다.

진실은 때가 되면 알려질 것이고 드러날 것이다. 혹시 드러나지 않는다 할지라도 그것으로 슬퍼할 이유는 없다. 만약 선한 일을 하다가 그것으로 이 세상에서 영광 한번 받아보지 못한다고 그것이 불행한 삶은 결코 아니다. 만약 땅에서 상이 없으면 영원한 하늘에서 상이 분명히 있을 것이다. 이 땅의 영광을 한 번도 보지 못하고 의를 위하여 살다가 죽어간 순교자들이나 순국자들을 생각해 보라. ❞

진정한 용기란 겁쟁이와 무모함의 중간에 있다.   - 미겔 데 세르반테스

실패 없는 성공 (?)

미국의 28대 대통령 **우드로우 윌슨** _ Woodrow Wilson 1856-1924

여기 한 사람 우드로우 윌슨은 일평생 성공이라는 것을 모르고 살았던 사람 중에 하나였다. 그의 일생은 너무나도 순조롭게 실이 풀려 나가듯이 잘 풀려 나갔다.

그는 버지니아에서 저명한 목사의 아들로 태어났다. 품행도 단정하고 성적도 늘 우수하여 사람들에게 칭찬만 받고 자랐다.

유명한 프린스턴 대학을 졸업하고, 존스홉킨스 대학원에서 박사학위를 받았다. 후에 그의 모교인 프린스턴 대학교 교수가 되었다. 그의 강의는 명강의로 소문이 나서 그의 강의를 들으려는 학생들이 교실 밖에까지 줄을 서서 기다리곤 했다. 젊은 교수로서 그런 명성은 이미 그의 앞으로의 출세를 예고하는 것이었다. 10년 뒤에 그는 프린스턴 대학의 총장으로 뽑혀 교육의 질적인 향상을 이룬 공을 세웠다.

1910년 뉴저지 주지사로 선출되었으며, 1913년 그는 미국의 28대 대통령으로 당선되었다. 대통령이 된 후에도 "신자유주의"를 제창하여 미국 사회에 개혁의 새바람을 일으켰다. 그로 인해 그는 다시 대통령에 선출되는 영광을 맛보았다.

세계 제 1차 대전에 미국이 참전하여 승리함으로 국민적인 영웅으로 환호를 받았다.

그의 일생은 실패라고는 없는 오직 성공의 연속이었다. 이루고 싶은 성공을 다 이룬 행운의 사나이였다. 자기의 연약함을 모르고 승승장구했던 윌슨의 마음상태는 얼마나 교만했을까 심히 짐작이 간다.

윌슨은 결국 그의 말년에 일생에 딱 한 번 실패하였는데 그것은 국제 연맹에 미국을 가입시키려고 애를 썼으나 결국 그것을 이루지 못하는 무능력을 드러낸 것이었다. 그것으로 정치적으로 실각하여 물러났다. 시작과 모든 과정은 다 성공이었는데 마지막이 실패가 되고 말았다.

❝ 실패 없는 성공은 인간을 교만하게 만든다. 우리는 무엇을 원하는가? 무언가 계획하고 생각한 것을 성공하고 이루는 것을 원하는가? 아니면 그것을 통하여 인간의 겸손을 배우는 성공을 원하는가?

진정한 성공은 내가 이루는 것이 아니고 하늘이 이루어주는 성공이다. 모든 것을 다 성공하고서 마지막 한번 실패하면 그것이 바로 공든 탑이 무너지는 것이 아니고 무엇인가? 계속 실패하고서라도 마지막에 성공하면 된다.

중요한 우리의 관심은 지금이 아니라 마지막이다. 인생의 마지막에 성공하면 결국 다 성공한 것이다. 그러나 인생 마지막에 실패하면 다 실패한 것이 되고 만다. 그 마지막은 숨이 넘어가는 그 순간까지다. 당신에게 아직도 마지막이 남아 있다는 희망이 있는가? 그러면 계속 달려가라. 마지막 단 한 번의 성공의 희망을 위해.

성공의 최종 기준은 업적이 아니고 겸손이다. 아무리 큰 업적을 이루었다고 해도 교만하다면 그 사람은 실패한 사람이다. 끝까지 겸손한 사람이 승리한다.

오늘도 겸손을 이루기 위해 실패했다고 생각하고 그것에 너무 슬퍼하거나 노여워하지 말라. 교만으로 일시적인 성공을 얻는 것보다는 실패로 영원한 겸손을 얻는 것이 훨씬 낫다. 〞

진심으로 꿈이 실현되기를 바라는 사람에게는 행복한 날이 꼭 오기 마련이다.
― 우드로우 윌슨

노예에서 총리까지

믿음의 족장 **요셉** _ *Joseph*

　성경에 보면 요셉이라는 인물이 나온다. 그런데 요셉의 일생을 보면 정말 파란만장한 수난의 생애였다. 형들 사이에 늦게 태어난 요셉은 아버지의 사랑을 많이 받았다.

　그리고 형들이 아버지의 첩과 놀아나는 것을 보고 지적하는 의로움이 있었다. 그러나 결국 그것이 형들에게 미움을 받는 계기가 되어 형들에 의하여 구덩이에 빠져 굶어 죽게 되었다. 그러나 형 르우벤의 제안에 의해 간신히 목숨을 건져 애굽의 노예상인들에게 팔렸다.

　그때 나이가 17살 되던 해였다. 그로부터 그의 인생은 고난의 연속이었다. 요셉은 애굽 나라 바로 왕의 시위 대장 보디발의 집의 노예로 들어가게 되지만 자기의 애매한 고난을 한탄하지 않고 거기서 열심히 봉사하고 일했다.

그 덕분에 보디발의 신임을 얻어 그 집의 모든 일을 총괄하는 직무를 맡게 되었다. 그러나 보디발의 아내가 젊은 요셉을 유혹하여 동침하자고 요구하는 것을 거부한 이유로 여자를 겁탈하려는 누명을 뒤집어써서 옥에 갇히는 신세가 되었다. 그럼에도 불구하고 요셉은 옥 안에서도 자기의 애매한 처지를 불평하지 않고 열심히 자기의 맡은 일에 충실했다. 나중에 하나님의 사랑을 받아 요셉은 바로의 꿈을 해석하여 그 공로로 애굽의 총리가 되었다.

기근에 시달리는 아버지와 식구들을 이주시켜서 온 가족이 행복하게 살았다. 그로 인하여 자손은 크게 번성하게 되는데 기여를 했고 지금의 이스라엘 민족의 뿌리가 되었다. 일생을 고난과 모함 속에서 지냈지만 결국은 성공하여 모든 사람을 행복하게 만드는 사람이 된 것이었다.

❝ 자기에게 닥친 불행한 환경과 애매한 고난을 원망하지 않고 어디서든지 자기의 맡은 일에 최선을 다해 나가면 언젠가는 그 꿈이 분명히 이루어진다. 또한 그런 사람을 하나님은 도와주신다. 선한 일을 품고 나가는 자에게는 모든 것이 합력하여 결국 선을 이루게 된다. 아무리 절망적이라 할지라도 지금으로는 그것을 분명하게 해석하기 어렵다.

"왜 이 일이 나에게 닥쳤는가?"

특히 애매하게 닥치는 고난에 대해서는 더욱 그러하다. 그러나 알고보면 그것은 나를 더 좋은 곳으로 이끌기 위한 하나님의 방향 전환임을 기억하고 끝까지 감사하고 원망하거나 불평하지 말아야 한다. 그리고 자기의 주어진 일에 최선을 다하는 것이 중요하다. 우리가 보기에 잠시는 악이 이기는 것 같고 불의가 번성하는 것 같지만 결국 이기는 것은 악이 아니고 선이다. 🙮

고난당한 것이 내게 유익이라 이로 인하여 내가 주의 율례를 배우게 되었나이다.
– 시편 119:71

80년의 실패

스위스의 교육가 **페스탈로치** _ *Johann H. Pestalozzi 1745-1827*

25세 때 그는 고향 취리히 가까운 곳에 토지를 구하여 '노이호후'라는 이상적인 농촌을 건설하려 했으나 실패하였다. 28세 때 빈민학교를 설립하여 돈 없어 교육 못 받는 아동들을 모아 그들에게 인간적인 교양을 가리키는 노력을 했으나 결국은 재정난으로 문을 닫았다. 고아원을 세워 80명의 어린 고아들을 모아 교육하였지만 그것도 반년도 못 되어 실패하고 말았다.

이상적인 학교를 꿈꾸며 20년 동안 노력하여서 한때 성공한 듯하여 각처에서 많은 사람들이 몰려오는 듯했으나 그의 직원 두 사람의 반목과 불화로 인하여 문을 닫고 실패했다. 결국 그는 어느 것 하나 제대로 성공해 보지 못하고 실패만 되풀이하다 80년의 비참한 생애를 마쳤다. 그러나 그가 죽은 후에 후대의 사람들은 그를 근세 교육사의 최대의 인물로 뽑았다. 그 사람이 바로 그 유명한 스위스의 '페스탈로치' 다.

❝ 하나의 이상적인 목적을 향해 자기의 인생을 바치는 것처럼 아름다운 것은 없다. 비록 그것이 당대에 이루어지지 않고 자기가 그것의 영광을 보지 못하고 실패로 인생을 마친다고 해도 인류를 위한 몸부림이고 노력이라면 노력하는 그 자체가 이미 성공이다. 아직 그것을 이루지 못했다 해도 내가 하는 지금의 일이 그런 목적을 가지고 있다면 이미 성공 속에서 고난을 당하는 것이다. 아무리 많은 것을 세상에서 누려도 결국은 다 버리고 갈 것이다. 그러나 작은 것이라도 후대 사람들이 그것으로 인해 생기를 얻을 수 있다면 이생에서 가치 있는 일을 한 것이리라. 내가 열매를 먹지 못한다 할지라도 그래서 현실과 거리가 먼 이상적인 것이라고 가치를 절하해도 결국 그런 이상적인 것이 역사를 움직인 것이 아니었던가? 자손대대로 이어지는 그런 것에 인생을 투자한다면 그것처럼 아름다운 성공은 없을 것이다. ❞

비록 지금 불행한 환경에 있더라도 마음이 진실하다면 아직 행복을 간직하고 있는 것이다. 왜냐하면 진실한 마음에서만 힘찬 지혜가 우러나오기 때문이다. 진실을 잃는다면 그 지위도 지식도 그대 곁을 떠난다.　- 요한 하인리히 페스탈로치

불행을 이긴 노래

스웨덴의 성악가 **제니 린드** _ *Jenny Lind 1820-1887*

스웨덴의 오페라 여가수 제니 린드는 음성이 아름답고 그 노래의 매력으로 대단한 찬사를 받은 사람이다. 그녀는 스웨덴뿐 아니라 영국 런던, 프랑스 파리, 오스트리아의 비엔나, 독일의 베를린, 미국의 뉴욕에 이르기까지 아름다운 노래로 세계를 깜짝 놀라게 했다.

얼마나 아름다운지 그녀의 노래를 듣는 사람은 황홀한 찬사를 보내기에 바빴다.

그러나 알고보면 그녀의 어린 시절은 아주 불행하였다. 그녀는 어릴 때 늘 방 안에 갇혀 지냈고 그녀를 돌보던 여자는 밖에서 문을 잠그고 나갔다.

불쌍한 제니는 온종일 창문 밖을 바라보면서 눈물지으며 보냈지만 그래도 즐겁게 노래 부르는 것을 유일한 소일거리로 삼았다.

하루는 한 권위 있는 음악가가 제니의 홀로 있던 옆집을 지나면서 어린 소녀의 노래 소리를 듣게 되었다. 린드는 몇 해 동안 창밖을 보면서 혼자 노래를 부르던 중 그의 다져진 훌륭한 음성을 알아본 음악가에게 발탁되어 그의 지도로 결국은 뜻하지 않게 세계적인 명가수가 된 것이었다.

❝ 불행한 가운데서도 자기의 꿈을 잃지 않고 소망을 가지고 노력하며 나아가는 자를 하나님은 결코 외면하지 않는다. 가장 큰 실패는 절망하는 것이다. 그러나 절망적인 상황에서도 절망하지 않고 소망을 가지며 자기의 것을 계속 계발하고 나아가는 사람에게는 분명히 영광의 날이 다가온다. 끝까지 절망하지 않는 믿음을 가지며 나갈 때 우리는 이미 반은 성공하고 있는 것이다. ❞

나의 능력의 대부분은 많은 어려움과 곤란에도 끈질긴 노력에 의해 획득되었다.
- 제니 린드

인생은 실패에서 배운다

PART 03

인생이 꼬여도 기죽지 말기

유명한 사람들의 **실패**

다음과 같은 숨겨진 이야기가 있다.

- 프랑스의 유명한 장군인 나폴레옹은 파리 군사 학교에서 51명 중에 42등으로 졸업했다. 졸병의 실력으로 그는 많은 군사들을 이끈 훌륭한 지휘관이 되었다.
- 유명한 철학가 아리스토텔레스는 두 번의 결혼 경력이 있는데다 말을 능숙하게 잘해야 할 사람이 말더듬이었다.
- 펄벅 여사는 《대지》의 원고를 자그마치 열네 곳의 출판사에서 거절당했다. 그런데 어떻게 노벨 문학상의 작품으로 인정받게 되었을까?
- '십계' 영화 등의 주연배우로 유명한 찰톤 헤스톤은 배우가 되기

이전에는 시간당 급료를 받는 미술대학의 누드모델이었다.

❝ 세상에는 역설의 이야기가 많이 있다. 안 되던 사람이 되고 되던 사람이 안 되는 경우가 많다. 실패자가 성공자가 되고 성공자가 이내 실패자로 전락하는 경우가 많다. 사람은 누구나 잠시의 성공자는 될 수 있고 잠시의 실패자가 될 수도 있다. 그러나 무엇보다도 중요한 것은 인생의 마지막에 성공자가 되는 것이다.

우리는 이를 목표에 두고 성공을 향해 달려가야 한다. 마지막에 실패하면 이전의 모든 성공은 다 잊어버리지만 마지막에 성공하면 이전의 실패를 잊어버리게 된다. 나는 어떤 성공을 원하는가? ❞

송곳의 뾰족한 끝은 결국 자루 밖으로 뚫고 나오는 법, 이와 마찬가지로 재능 있는 사람은 어디서나 어떤 환경 하에서나 재능은 스스로 나타나는 법이다.

― 작자미상

실패한 사람을 위한 작곡

〈메시아〉 작곡가 **게오르크 프리드리히 헨델** _ *George Frideric Handel* 1685-1759

독일 태생의 헨델은 이탈리아 풍의 오페라 작곡을 하면서 사교계의 각광을 받았고, 영국 국왕을 위해 작곡하면서 오페라 작곡가로도 명성을 날렸다. 그러다가 런던의 보치니라는 이탈리아 오페라 작곡가와 심하게 경쟁하다가 마침내 파산하고 병으로 쓰러져 재기 불능의 상태가 되었다.

이런 실패 속에서 헨델은 성경을 주제로 한 오페라인 오라토리오를 작곡하였다. 비록 오페라에서는 실패했지만 그는 오라토리오를 통하여 사람들에게 깊은 감명을 주었다. 예수 그리스도를 주제로 한 노래를 작곡하였는데 이것이 그 유명한 헨델의 〈메시아〉다.

성경에 나오는 그리스도에 대한 기사의 요점만을 모아 그것에 음악을 붙였다. 그 곡은 전곡을 연주하는 데 무려 두 시간이 넘게 걸리는 대곡이었다.

런던에서 〈메시아〉를 연주할 때 영국의 국왕 조지 2세는 너무나 감격하여 일어나서 들었다. 지금도 그것이 유래가 되어 〈메시아〉 연주 중에 '할렐루야 코러스'가 나올 때는 모두 기립하여 듣는다.

어떤 귀족이 헨델에게 인사를 했다.

"오늘 음악은 참 재미있었습니다."

그때 헨델은 분개하다시피하면서 말했다.

"참 유감스럽습니다. 나는 사람의 마음을 즐겁게 하기 위해서가 아니라 실패하여 낙심한 사람들의 마음을 분발시키기 위해서 이 곡을 작곡했습니다."

헨델은 〈메시아〉 연주회에서 나온 수익을 모두 사회사업을 위해 기부했다.

" 〈메시아〉는 실패가 만들어낸 위대한 작품이다. 실패는 오히려 기회가 되기도 한다. 인간을 감동시키고 따스함을 주는 메시지는 종종 실패 속에서 나온다. 실패 속에서 우리는 자신의 가장 진실한 모습을 만날 수 있고 자신의 새로운 가능성을 발견할 수 있다. 실패 속에서 우리는 나의 한계를 느끼고 겸손을 배우기도 한다.

실패를 가만히 바라보자. 그 안에 숨겨진 위대한 보물이 있다. 혹시 실패를 부끄러워하며 쓰레기통에 버렸다면 그곳에서 숨은 인생의 보화를 다시 찾아라. 나의 새로운 가능성은 언제나 오늘의 실패 속에 있다. 🎵

장내를 메운 청중들에게 '메시아'가 안겨준 황홀감은 뭐라 표현할래야 표현할 길이 없다. – Falkners' Journal, 〈메시아〉의 더블린 초연 당시

삶이 나에게 주는 기회

명배우 **게리 쿠퍼** _ *Gary Cooper* 1901-1961

쿠퍼는 대학을 졸업한 후에 만화 그리는 일을 했다. 그러나 일이 뜻대로 잘 안 되어 다른 일을 시작했는데, 그 일은 다름 아닌 무대 뒤에서 주연배우의 대사를 읽어주는 일이었다.

그런데 어느 날 그가 대사를 잘못 읽는 바람에 공연이 실패하고 말았다. 그에게는 즉시 감봉처분이 내려졌다. 그러나 이 실패가 오히려 결과적으로 더 좋은 기회가 되었다.

견습생인 쿠퍼가 주급조차 받지 못하고 일하게 된 것을 알게 된 감독은 안타깝게 생각하여 이렇게 지시했다.

"그를 엑스트라로 쓰면서 당장 급료를 주게. 그러고 나서 감봉하라구."

쿠퍼는 이 말에 용기를 얻고 더욱 열심히 일했다. 이때부터 그의 명성이 빛나기 시작했는데, 이 사람이 바로 두 번씩이나 아카데미 남우 주연상을 수상한 명배우 '게리 쿠퍼'다.

> 우리는 자신의 뜻대로 안 될 때 종종 이직을 생각하거나 직업을 바꾸곤 한다. 계속되는 실패를 경험하면서 실망하기 쉽다. 그러나 속단하기는 이르다. 일이 잘 안 풀릴 때, 지금은 나에게 맞는 재능을 찾아가는 단계이며 실패하는 과정을 통해서 성공을 배워나가는 때임을 잊지 말자.
>
> '지금은 과정일 뿐이다'라는 생각으로 살아간다면 지금의 실패는 부끄러운 실패가 아니라 성공을 향해 나가는 길목에 있는 삶의 자양분이자 새로운 일을 시작할 때의 버팀목이라는 사실을 깨닫게 될 것이다. 실패는 언제나 중간역이지 종착역은 아니다.

그(게리 쿠퍼)가 세상의 모든 여자에게 인기를 누린 것은 딱히 멋진 대화 솜씨를 가져서가 아니야. 다만 그는 들을 줄 알았어. 계속 떠들어대는 여자에게서 시선을 떼지 않고, 때로 다음의 세 마디 가운데 한마디를 곁들이는 거야. '설마' '정말로' '그건 처음 듣는 말인데'. - 빌리 와일더

필연적인 고통

주옥같은 **작품들**

- 러시아의 대문호인 톨스토이의 대작 《전쟁과 평화》는 그가 젊었을 때 매독과 임질에 걸려 고통을 받으면서 완성한 작품이다.
- 프랑스 화가 고흐가 그린 인상파의 유명한 작품들은 간질병과 우울증 속에서 완성한 작품이다.
- 한때 세계를 정복하여 명성을 떨친 시저와 나폴레옹은 인생 초기부터 간질병으로 고생하였다.
- 종교 개혁에 앞장섰고 《기독교 강요》 등 다수의 저술로 유명한 칼빈은 '살아 있는 병동'이라고 불릴 만큼 평생 온갖 병에 시달렸다.
- 바이런의 주옥같은 시들은 간질병에 걸려 선천적인 호르몬 불순환으로 고통받는 가운데 만들어진 작품이다.
- 세기의 위대한 피아니스트이며 작곡가인 쇼팽이 쓴 〈24 전주곡〉

은 그가 결핵에 걸려 신음하고 있을 때 쓴 것이다.
- 모차르트의 불후의 오페라는 그가 불치의 병으로 희망을 잃어버렸을 때 작곡한 것이다.

❝ 우리는 병이 들면 아무것도 못한다고 생각하며 자포자기하기 쉽다. 그러나 고통스러운 병상에서도 얼마든지 위대한 작품이 만들어질 수 있다. 실패와 좌절 속에서도 얼마든지 감동적인 성과를 이루어낼 수 있다. 아무것도 할 수 없다고 믿게 만드는 그 자리가 중요한 일을 할 수 있는 자리가 될 수 있다.

지금 할 수 있는 것들을 찾아서 시작하는 것이 중요하다. 지금까지 하던 일을 포기하지 말고 계속하는 것이 필요하다. 겉으로 드러난 위대한 것들은 알고보면 모두 고통과 실패 속에서 피어난 것들이다.

인간이 세상에 나오기 위해서는 10개월이라는 기간 동안 어머니의 자궁 안에 있어야 하고, 어머니는 산고를 반드시 겪어야 한다는 사실 하나만으로도 우리는 큰 교훈을 얻을 수 있다. ❞

인내는 쓰다. 그러나 그 열매는 달다. - 장 자크 루소

자기에게 지지 않으려면

프랑스 화학자 **루이 파스퇴르** _ *Louis Pasteur 1822-1895*

자기의 모든 정열과 시간을 바쳐 오직 미생물 연구에만 몰두하여 마침내 미생물 연구와 예방접종 분야에서 의학계의 신기원을 이룬 프랑스의 한 화학자가 있다.

그런데 그는 지나치게 실험과 연구에 몰두하다가 그만 반신불수가 되었다. 그럼에도 그는 자기의 명성보다는 사회에 기여할 수 있는 것, 자기 개인의 장애보다는 인류에게 유익이 되는 일에 자기의 남은 생애를 바쳤던 위대한 과학자였다. 그는 언제나 사람들에게 '세상엔 빵 이상의 세계가 있다' 는 자신의 소신을 말했다.

한번은 어떤 사람이 그의 장애가 연구에 지장을 주지 않는지 물었다. 그는 이렇게 대답했다.

"아닙니다. 신체장애가 오히려 연구에 몰입하는 데 아주 큰 도움을 줍니다."

이 사람이 바로 그 유명한 '루이 파스퇴르' 다.

❝ 인생을 살면서 뜻하지 않게 장애를 입게 되는 사람들이 있다. 그러다보면 장애 때문에 인생을 향해 품었던 꿈과 희망을 접고 눈물과 후회로 일생을 보내기 쉽다. 물론 그 고통과 불편함은 이루 말할 수 없을 것이다. 그러나 살면서 자기의 장애를 장애로 생각하지 않는 사람은 더 이상 장애를 문제로 여기지 않는다. 그런 사람은 보통 자기가 장애자라는 사실을 잊고 산다. 그 장애로 인하여 스스로 자책하거나 불행하다고 여기지 않고 그저 평범하게 자기의 일을 하게 된다.

어차피 모든 인간은 다 장애를 갖고 있다. 보이는 장애가 없으면 보이지 않는 장애가 분명히 있다. 사실 보이는 장애보다는 눈에 보이지 않는 장애가 훨씬 더 많다. 다만 사람들이 그것을 모르고 살아갈 뿐이다. 자기의 환경과 신체적 장애 요소를 오히려 게으른 자기를 채찍질하는 데 사용한다면 그 장애는 자기를 파멸시키는 불행이 아니라 위대한 스승이 된다. ❞

행운은 마음의 준비가 있는 사람에게만 미소를 짓는다. – 루이 파스퇴르

때로는 바보처럼 보여도

위대한 조각가 **오귀스트 로댕** _ *Auguste Rodin 1840-1917*

로댕의 아버지는 주위 사람들에게 언제나 이렇게 말했다.

"나는 바보 천치 아들을 두었어."

사실 그 말이 틀린 말은 아니었다. 주위 사람들이 보기에도 로댕은 바보스러운 아이였다. 실제로 로댕은 학교에서 가장 열등한 아이로 취급받았고, 학습능력도 부족하여 미술학교에 입학할 때도 세 번이나 실패할 정도였다.

어느 누구도 로댕이 장차 미술에 뛰어난 재능을 보일 것이라고 생각하는 사람은 단 한 사람도 없었다. 로댕의 삼촌은 그를 교육시키는 것조차 거의 불가능하다고까지 말했다.

그러나 나중에 나타난 결과는 완전히 그들의 예상을 빗나갔다. 로댕이 재능을 발휘하면서 미술역사에 훌륭한 조각가로서 명성을 떨쳤기 때문이다. '바보' 소리를 듣던 로댕은 〈생각하는 사람〉이라는 유명한 조각을 남겼다.

> 사실 세기적으로 유명한 천재들은 거의 대부분 어릴 적에 바보 소리를 듣고 살았던 사람들이다. 우리가 알고 있는 에디슨, 뉴턴, 아인슈타인 등 수없이 많은 천재들의 경우가 그렇다.
>
> 그러나 하나님은 누구에게나 공평하게 천부적인 재능을 주셨다. 천재의 능력은 특별한 사람에게만 주어지지 않았다. 우리가 천재가 되지 못하는 것은 자기만의 천부적인 재능을 발견하지 못하고 계발하지 못해서다.
>
> 바보스러운 세상이 볼 때는 언제나 천재가 바보로 보인다. 고정관념에서 좀처럼 벗어나지 못하고 편견과 아집에 사로잡혀 있는 한 세상은 천재를 계속 바보로 만들 것이다.
>
> 천부적인 재능은 발견될 때까지는 아무도 그 능력을 알 수 없다. 좁은 소견으로 함부로 판단하지 말자. 그리고 다른 사람의 판단만 듣고 스스로 포기하지도 말자. 만약 주위의 기대와 요구에 맞추어 살면서 주위에서 바보라는 말을 듣게 될지도 몰라 두려워한다면 우리는 자신의 천부적이고 고유한 재능을 평생 발휘하지 못하고 살아갈 수 있음을 기억하라.

자기 자신의 진정한 소명을 깨닫고 그 일을 게을리하지 않는다면 '위대한 은총'은 저절로 주어지게 될 것이다. – 로댕

성공은 실패를 통해 온다

미국의 16대 대통령 **에이브러햄 링컨** _ *Abraham Lincoln* 1809-1865

아래에서 소개하는 사람은 누구일까요?

- 이 사람은 가난한 집에서 태어났다.
- 아홉 살 때 어머니를 여의었다.
- 가난해서 학교를 다니지 못했다. 학교에 다닌 것이라곤 겨우 6개월뿐이다.
- 22세 때 사업에 실패했다.
- 23세 때 주 의원 선거에 낙선했다.
- 24세 때 사업에 실패했다.
- 26세 때 사랑하는 여인을 잃었다.
- 27세 때 신경쇠약과 정신분열증으로 고생했다.

- 29세 때 의회 의장 선거에 낙선했다.
- 31세 때 대통령 선거에 낙선했다.
- 34세 때 국회의원 선거에 낙선했다.
- 39세 때 국회의원 선거에 또다시 낙선했다.
- 46세 때 상원의원 선거에 낙선했다.
- 47세 때 부통령 선거에 낙선했다.
- 49세 때 상원의원 선거에 낙선했다.

" 열 번이 넘는 인생의 실패와 좌절을 겪은 30년 후인 51세 때 드디어 그는 대통령에 당선되었다. 이 사람이 바로 미국의 16대 대통령인 '에이브러햄 링컨'이다. 링컨은 학교에 가고 싶어도 갈 수 없었고 책을 읽고 싶어도 책을 읽을 수 없어서 다만 어머니가 갖고 있던 성경을 열심히 읽었다.

성경은 링컨에게 인류를 향한 꿈을 갖게 해주었고 때때로 실패할 때마다 용기와 희망을 주었다. 그는 열악한 상황에도 불구하고 책을 읽고 싶은 열정에 20킬로미터나 되는 곳까지 가서 책을 빌려 고학으로 열심히 공부하여 미국에서 가장 존경받는 대통령이 되었다.

그는 너무나 많은 패배를 당했기에 패배를 인정하고 겸손하게 받아들였다. 링컨의 꿈은 대통령이 되는 것이 아니라 노예 해방을 하는 것이었다. 그것을 이루기 위해 대통령에 도전했던 것이다. 링컨은 힘들 때마다 이렇게 스스로에게 되뇌었다고 한다.

"내가 걷는 길은 언제나 험하고 미끄러웠다. 그래서 나는 자꾸만 미끄러져 길 밖으로 곤두박질치곤 했다. 그러나 나는 곧 기운을 차리고 내 자신에게 이렇게 말했다. '길이 약간 미끄러울 뿐이지 아직 낭떠러지는 아니야.'"

성공은 언제나 성공의 꼬리를 따라 오지 않고 실패를 통해 온다. 실패가 많을수록 우리는 크게 성공할 수 있는 가능성이 많다. 패배는 후퇴가 아닌 전진이라는 사실을 기억하자. 실패가 조금씩 전진해 나가는 성장의 중요한 과정임을 안다면 지금의 실패 때문에 좌절할 필요가 없다.

계속되는 실패에 좌절한 사람이 있는가? 자기 신세를 한탄하며 포기한 사람이 있는가? 또 다른 실패를 두려워하는 사람이 있는가? 그래서 다시 시작하는 것에 주저하면서 현실에 타협하며 살아가고 있는가? 그렇다면 다시 시작하라. 더 큰 것을 얻기 위해서는 지금의 실패가 필연적이다. 큰 것일수록 하루아침에 얻어지지 않는다. 실패가 잦다는 것은 나에게 그만큼 큰 꿈이 기다리고 있다는 증거다. 나에게만 있는 특별한 기회로 생각하고 다시 도전하라."

나는 내가 할 수 있는 한의 최선의 것, 내가 아는 한의 최선의 것을 실행하고 또한 언제나 그러한 상태를 지속시키려고 한다. - 링컨

삶에서 정말 중요한 것

옥수수 박사 **김순권**

어느 농촌에 한 가난한 소년이 살고 있었다. 공부에는 관심조차 없던 그는 고등학교 진학에 실패한 뒤에 집에서 농사일을 배우고 있었다. 그래서 미래를 생각할 때마다 암담했다.

'고등학교도 실패했는데 앞으로 무엇을 하며 살지?'

그러던 어느 날 그는 마을에 있는 교회에 우연히 나가게 되었다. 그리고 신앙을 갖게 되었고 그로 인해 한 가지 꿈을 품게 되었다. 이런 믿음과 꿈은 그에게 어려운 현실을 이기게 하는 용기를 주었고, 열심히 공부하여 능력을 배양하는 동기가 되었다.

그는 열심히 노력하여 대학에 진학하였고 하와이까지 유학도 가게 되었을 뿐 아니라 그곳에서 농업박사 학위를 받았다. 자신의 꿈을 실현하기 위해 아프리카로 간 그는 혹독하게 가난했던 어린 시절을 생각하며 연구에 심혈을 기울인 결과 기아에 시달리는 아프리카의 식량사정을 획기적으로 개선하는 데 크게 기여하였다.

이 일로 인해 그는 '위대한 한국인'이라는 칭호를 얻고 노벨 평화상 후보에 추천되기도 했다. 그는 지금도 북한의 어려운 식량 사정을 개선하기 위해 연구를 게을리 하지 않고 있다. 이 사람이 바로 옥수수 박사로 불리는 '김순권 교수'다.

❝ 이런 저런 이유로 인하여 꿈을 잃어버린 사람이 있는가? 그렇다면 그 꿈을 다시 찾고 이루기 위해 인생을 투자하라. 사람은 밥을 먹고사는 것이 아니라 꿈을 먹고사는 존재다. 이것이 인간이 짐승과 다른 점이다. 새로운 꿈을 꾸고 도전해 보자. ❞

내가 못하면 100년이 걸릴지도 모릅니다. - 김순권

절망과 실패를 넘어서

큰일을 이룬 **많은 사람들**

다음에 나오는 사람들의 공통점을 찾아보라.

- 레오나르도 다빈치 – 세기의 위대한 미술가로 명성을 떨치기까지 그에게는 남다른 열정이 있었다. 그는 〈최후의 만찬〉의 한 작품을 위해 무려 10년에 걸쳐 작업에 열중했는데, 어느 때는 식사하는 것 조차 잊어버렸다고 한다.

- 프란츠 요제프 하이든 – 많은 역경을 겪으면서도 800개의 곡을 작곡한 대작곡가. 그의 작품 중에 불후의 명곡인 〈천지 창조〉는 그의 나이 66세 때 발표한 곡이었다.

- 베이브 루스 – 미국의 영원한 홈런왕이라고 불리는 그는 스트라이크 아웃을 가장 많이 당한 선수였다. 그에게는 '삼진왕'이라는 부끄러운 명칭이 함께 따라다녔다.

- 엘리사 오티스 – 기계공인 그는 자기가 계획했던 일을 네 번이나 연속으로 실패하였다. 결국 다섯 번째 도전하여 성공했는데 그것이 바로 우리가 편리하게 사용하는 엘리베이터다. 그의 발명으로 인해 고층빌딩이 생기게 되었다.

- 아이작 싱거 – 셰익스피어 연극에서 별로 신통치 못한 배우로 일하던 그는 배우직을 그만두고 재봉틀을 만들기로 결심한 뒤에 열심히 노력하여 대성공을 거두었다. 그 재봉틀이 바로 '싱거 재봉틀'이다.

- 조지 이스트만 – 은행에서 말단 직원으로 일하던 그는 사진 찍는 취미를 살리고 더욱 발전시켜서 한 회사를 설립하였는데, 그 회사가 바로 세계적으로 유명한 '코닥 필름'이다.

- 로우랜드 메이씨 – 사업에 큰 뜻을 품고 도전했지만 거듭 실패하였고, 네 번째 도전한 뒤에는 그만 파산하고 말았다. 그러나 그는 집요하게 또다시 도전하여 마침내 성공을 거두었다. 그 회사가 바

로 세계 처음으로 등장한 현대식 백화점인 뉴욕의 '메이씨 백화점'이다.

• 윌 켈로그 – 빗자루를 만드는 공장에서 매니저로 일한 켈로그는 옥수수를 튀겨 아침식사로 만들어 먹었는데, 이것이 지금도 아침식사 대용품으로 인기를 끌고 있는 '켈로그 콘플레이크'다.

> 실패 속에서도 성공한 사람이 갖고 있는 특징 중 하나는 식지 않는 열정을 갖고 있다는 것이다. 식지 않는 열정은 결국 실패를 태워버린다. 내가 하는 일을 사랑하며 열정을 불태울 때는 비록 작은 것이라 할지라도 위대한 것을 이룰 수 있다. 언제나 위대한 성공은 작은 것에서 출발되었다.
>
> 우리가 성공을 향해 계속 도전하다보면 미처 생각하지 못한 가능성을 발견하게 된다. 그것은 수없는 실패의 안경을 거쳐야 보이는 것이다. 만약 실패의 안경이 거추장스럽다고 벗어 던지면 성공은 영영 볼 수 없게 된다. 실패를 실패로만 인식한다면 성공은 영원히 사라지게 된다.

어떠한 일이든지 참아낼 수 있는 사람은 무슨 일이든지 해낼 수가 있다. 인내는 인간이 가질 수 있는 미덕이기도 하다. – 마르틴 루터

미물이 주는 교훈
장군들의 **승리**

　　　　　　　　다마레이 장군은 전쟁에 패하여 도망치다가 숲 속에 숨게 되었는데, 그때 개미 한 마리가 곡식 한 알을 나르고 있는 모습을 우연히 지켜보게 되었다. 다마레이는 개미가 곡식 한 알을 나르기 위해서 수없이 넘어지는 것을 보다가 무심코 숫자를 헤아려보았는데 69번 쓰러지고 70번째가 되어서야 개미굴까지 가는 것을 보고 감동을 받아 용기를 얻고 다시 전쟁에 참가하여 승리의 개선가를 불렀다.

　영국의 부수 장군도 전쟁에 참패하여 동굴 속으로 패잔병과 함께 들어가서 숨게 되었다. 그는 칼을 빼서 자살을 하려고 하였다. 그때 동굴 어귀에서 거미가 거미줄을 치고 있는 것이 보였다. 그 거미는 바람 때문에 여섯 번이나 실패하였지만 계속 도전하였고 겨우 일곱 번째 성공하여 거미줄을 치게 되었다. 그것을 보던 부수장군은 자리에서 벌떡 일어나 군대를 모아서 전쟁에서 대승리를 거두었다.

❝ 세상은 보이지 않는 전쟁터와 같다. 서로 죽이고 누르는 싸움이 계속되는 치열한 전쟁터가 바로 우리가 사는 세상이다. 내가 살기 위해서는 남을 죽여야 하는 현실에 직면해 있다. 그러다보니 우리는 세상살이에 도전했다가 실패하여 패잔병처럼 낙심하고 모든 것을 포기할 때가 있다. 그래서 스스로 목숨을 끊는 사람들도 간혹 본다.

그러나 알고보면 그들은 실패 자체보다는 실패로 인하여 인생을 헤쳐 나가는 두려움에 진 것이다. 모든 사람이 실패를 경험하지만 그렇다고 모든 실패자가 다 인생을 두려워하는 것은 아니다. 실패해도 두려워하지 않을 수 있다. 실패는 언제나 주관적이다. 나의 실패가 남에게는 실패가 아닐 수 있다. 누가 나를 실패자라고 했는가? 스스로 실패자라 했고 자기 자신이 실패자로 생각할 뿐이다.

다시 한 번 힘을 내자. 꿈을 찾아보자. 지금의 고통이 영원히 계속되는 것은 아니다. 만약 지금의 고통을 이기지 못하고 스스로 불행을 자초한다면 그 사람이야말로 영원한 고통을 스스로 택하는 어리석은 사람이 되고 만다. 난관으로 앞이 안 보일 때는 하찮은 거미나 개미에게서도 그 지혜를 배워야 한다. ❞

실패한 사람이 다시 일어나지 못하는 것은 그 마음이 교만한 까닭이다. 성공한 사람이 그 성공을 유지하지 못하는 것도 역시 교만한 까닭이다. - 석가모니

희망이 되는 사람

고아의 아버지 **조지 뮬러** _ George Muller 1805-1898

"너는 도대체 커서 뭐가 되려고 그러니? 솔직히 말해. 네가 돈을 훔쳤지?"

"아니에요. 아빠, 전 돈을 훔치지 않았어요."

"정말이야?"

아버지는 그의 몸을 샅샅이 뒤졌으나 아무것도 찾지 못했다.

"그렇다면 구두를 벗어봐."

"다리를 다쳐서 구두를 벗기가 곤란해요."

"잔소리 말고 어서 벗어!"

구두를 벗자 그 안에 은화가 들어 있었다.

"그럼 이건 뭐지?"

"아빠, 잘못했어요. 다시는 훔치지 않을게요."

그러나 그의 습성은 좀처럼 고쳐지지 않았고, 14세 때는 어머니를 여의게 되었다. 그때부터 마음을 다잡고 공부도 열심히 하려고 했지만 그것도 뜻대로 되지 않았다. 아버지가 교회에 가서 헌금하라고 돈을 주면 엉뚱한 곳에 사용했고, 설사 교회에 간다 해도 건성으로 예배에 참석했다. 한마디로 고삐 풀린 망아지였다.

그의 청년시절은 허랑방탕한 생활의 연속이었다. 아버지 돈을 훔쳐 친구들과 낭비하고 돈이 떨어지면 남의 집에 들어가서 음식을 훔쳐 먹었다. 그리고 아무 여관이나 들어가서 잠을 자고 몰래 빠져 나왔다. 결국 그는 사기죄로 고발당해 16세 때 감옥에 들어가는 신세가 되었다.

이제는 더 이상 인생의 꿈이 없었다. 그러나 그는 출옥한 뒤에 변화되어 목사가 되었다. 그리고 믿음을 확고히 갖고 언제나 바른 일에 충실했다. 거짓말 잘하던 그가 하나님께 기도하여 얻은 응답 횟수가 무려 5만 번 이상이 되었고, 그가 세운 고아원만 해도 9,975개나 되었다.

인간으로서는 도저히 상상하기 어려운 기적 같은 일을 그는 맨손으로 오직 하나님을 믿는 믿음 하나만 가지고 이루어냈다. 남의 것을 훔치는 좀도둑이자 허랑방탕하게 인생을 즐기던 그가 회심하여 인류를 위해 선을 행하고 봉사하며 살게 된 것이다. 그의 이름은 바로 고아들의 아버지로 일컬어지는 '조지 뮬러'이다.

❝ 사람에게 있는 가장 큰 재산은 믿음이다. 믿음 하나면 이루지 못할 것이 없다. 믿음을 잃어버리면 다 잃은 것이다. 갖고 싶은 모든 재물을 다 얻어도 주변 사람의 신뢰를 잃으면 소용이 없다. 반면에 갖고 있는 물질을 한순간에 다 잃어버려도 많은 사람의 신뢰와 하나님을 믿는 믿음이 있다면 그 사람은 모든 것을 얻은 것이다.

지금의 모습으로 나를 평가하지 말라. 지금은 나를 만드는 과정 중이다. 아직 공사를 마치지 않은 건물을 가지고 이러쿵저러쿵하지 말라. 다 지어지기 전까지는 그 건물이 어떻게 될지 아무도 모른다. 사람은 태어날 때 죄인으로 태어나기에 많은 문제를 안고 있다. 그런 사람이 온전해지기 위해서는 많은 과정을 거쳐야 한다.

모든 일은 한 사람을 온전하게 만들기 위한 것이다. 사람을 새롭게 하는 것이야말로 최고의 일이다. 아무리 세계에서 거대한 건물을 세운다 할지라도 한 사람을 바르게 세우는 일보다 더 나을 수 있겠는가?

참고 기다리자. 만들어지는 과정이므로 인내하면서 끝까지 포기하지 말라. ❞

걱정의 시작은 믿음의 끝이요, 참 믿음의 시작은 걱정의 끝이다. - 조지 뮬러

우리가 지고 가야 할 삶의 짐

미국의 26대 대통령 **시어도어 루스벨트** _ *Theodore Roosevelt 1858-1919*

미국의 대통령 시어도어 루스벨트는 근시였다. 그는 항상 안경을 두 개 갖고 다녔다. 한번은 루스벨트가 선거운동 중에 슈렌트라는 사람이 쏜 총에 가슴을 맞고 쓰러져 병원에 이송된 사건이 있었다. 그러나 다행히 생명에는 지장이 없었다.

의사가 이상하게 생각하며 루스벨트의 상의를 살펴보니 그가 늘 가슴 안쪽에 넣고 다니던 안경집이 나왔다. 물론 그 안경집은 산산조각이 나 있었다. 의사는 말했다.

"총알이 마침 그 안경집 때문에 각도가 꺾여서 지나갔기 때문에 당신의 생명을 건졌습니다."

의사의 말을 듣고 루스벨트는 말했다.

"나는 쇠로 만든 무거운 안경집이 늘 귀찮았는데, 이것이 나의 생명을 구해 주었군요."

❝ 당장은 나에게 무겁고 귀찮은 것 같은 고난과 고통이 결국은 나를 살리는 약이 될 수 있다. 어려움을 당하는 그 당시에는 잘 모른다. 그러나 얼마의 시간이 지난 후에 보면 내게 닥쳤던 고난이 오히려 나에게 큰 유익이 된 것을 새롭게 발견하게 된다.

혹시 지금 귀찮아서 버리고 싶은 짐스러운 것이 있는가? 다른 사람에게 이야기하고 싶지 않은 약점이 있는가? 그것으로 고민하며 힘들어하고 있는가? 언젠가는 그 약점과 고통이, 부끄럽게 느꼈던 그 흠집이 나에게 큰 복이 되고 나를 새롭게 하며 자랑스럽게 할 수 있다는 사실을 기억하자. 지금의 고난과 어려움은 내가 성공하는 데 필수적인 역할을 할 수 있다. ❞

오직 한 가지 우리가 두려워해야 할 일은 두려움 그 자체다.
― 시어도어 루스벨트

위대한 작품일수록

인내하여 이룬 **위대한 것들**

인생의 밑바닥을 경험했지만 오뚝이처럼 다시 일어서서 결국에는 성공한 사람들이 있다.

- 최고의 권위를 갖는 영어사전을 완성하기 위하여 웹스터는 대서양을 두 번이나 건너다니며 자료를 수집했다. 사전 하나를 만들기 위하여 장장 36년을 소비했다. 그렇게 해서 완성된 사전이 바로 웹스터 사전이다.

- 플라톤은 그의 위대한 저서 《공화국》을 저술할 때 맨 처음 문장을 쓰는데 무려 아홉 번이나 고쳐 쓴 뒤에야 비로소 만족했다.

- 로마의 정치가인 시세로는 하루에 한 번씩 친구들 앞에서 연설하는 것을 연습했는데 무려 30년간 계속했다.

- 기본(E.Gilbbon)은 《대 로마제국의 타락과 멸망》을 무려 26년간 끈기 있게 노력하여 완성했다.

- 레오나르도 다빈치의 유명한 〈최후의 만찬〉은 10년 동안 그린 작품이었다.

- 불후의 명작인 미켈란젤로의 〈최후의 심판〉은 8년간 심혈을 기울인 작품이다. 그는 그 그림을 그리기 위해 무려 2,000개의 자료를 수집하였다.

" 크고 위대한 것일수록 하루아침에 이루어지지 않는다. 만약 위대한 것이 빠르게 이루어졌다면 그것이 더 이상한 일일 것이다. 무엇이든지 거쳐야 할 과정이 있다. 그 과정을 생략하고 성급하게 결과를 이루려고 하는 것은 어리석은 일이다. 만약 과정이 없이 아름다운 작품이 완성되었다면 그것은 분명 교묘한 속임수다.
좋은 것일수록 더디게 이루어진다. 사람이 태어나서 순간에 온전한 사람이 되는 것은

아니다. 한 사람이 온전하게 되려면 수많은 사람이 그와 함께하고 도움을 주어야 한다. 그리고 수십 년에 걸쳐 애쓰고 노력해야 튼실한 결실이 이루어진다. 나무 하나만 봐도 좋은 재목으로 성장하려면 적어도 몇 십 년 걸려야 한다.

빠르게 성취하는 것에 우리는 쉽게 넘어가고 그런 속임수에 귀가 솔깃해진다. 기다리고 인내하는 것은 쉬운 일이 아니라 때로는 많은 고통을 감수해야 하기 때문이다. 그러나 기억하자. 무엇이든지 빨리 이루려고 하는 것은 고통 없이 이루려는 얄팍한 욕심에서 나온 우리를 실패하게 만드는 꾀다. 🔝

큰 나무도 가느다란 가지에서 비롯된다. 십층 탑도 작은 돌을 하나씩 쌓아올리는 데서 시작된다. 마지막에 이르기까지 처음과 마찬가지로 주의를 기울이면 어떤 일도 해낼 수 있다. – 노자

절망 속에서 피어난 위대함

불후의 음악가 **루드비히 판 베토벤** _ Ludwig van Beethoven 1770-1827

여기 한때 불행했던 음악가가 있다. 그의 아버지는 늘 술독에 빠져 살았고 점점 심해지는 아버지의 술주정은 날이 갈수록 가정을 더욱 가난하게 만들었기 때문에 그는 어린 나이에도 극장 오케스트라에서 일하면서 돈을 벌어야 했다.

그가 열일곱 살이 되었을 때는 설상가상으로 어머니가 폐결핵으로 죽게 되는 비운을 맞이하였다. 그래서 그는 어린 동생을 돌봐야만 했고, 서른 살이 되었을 때는 작곡가의 생명인 귀에 그만 이상이 생기면서 소리까지 듣지 못하게 되었다. 그는 절망하여 이렇게 외쳤다.

"나는 왜 이렇게 슬픔과 고통의 삶을 살아야 하는가? 나의 귀로 들을 수만 있다면 얼마나 좋을까?"

그러나 그는 상황에 굴하지 않고 열심히 작곡에 전념했다. 결국 그 유명한 교향곡 제 9번을 작곡하여 연주를 마쳤을 때 장내에는 떠나갈 듯한 박수갈채가 울려 퍼졌다. 한마디로 열광의 도가니였다. 하지만 그는 전혀 들을 수 없었기에 그 상황을 모르고 있었다. 마침내 옆에 있는 단원이 장내를 향해 그를 돌려세워준 뒤에야 자신의 작품이 대성공이었음을 알았다.

그가 바로 그 유명한 천재 작곡가이면서 인생의 가장 불운한 조건들을 가진 음악가 '베토벤'이다.

❝ 인간의 고통에는 언제나 뜻이 있으며, 인간의 위대함은 언제나 슬픔과 고통 속에서 만들어진다. 인간을 가장 솔직하고 진실하게 만들어내는 장소는 바로 슬픔과 고통의 현장이다. 인생의 보화는 바로 슬픔과 고통의 자리에서 건져올릴 수 있다.

그 안을 자세히 들여다보라. 그러면 알지 못하는 진실한 것을 만날 수 있다. 시련을 즐거워하라. 시련은 인내를 낳고 그 인내를 통하여 온전한 것이 탄생하게 된다. ❞

가장 뛰어난 사람은 고뇌를 통하여 환희를 차지한다. - 베토벤

문제는 나 자신이다

세기의 철학자 **소크라테스** _ *Socrates* 기원전 470경-기원전 399

소크라테스의 아내는 소문난 악처였다. 그것은 소크라테스에게도 책임이 있었다. 왜냐하면 소크라테스가 살림을 돌보지도 않고 늘 알아듣기 어려운 말만 하니 아내는 불만을 가질 수밖에 없었던 것이다. 집안 살림에 대해서는 아무런 관심도 없는 무능력한 남편에게 아내는 욕을 퍼붓고 심지어 물통을 들고 와서 머리 위에 쏟아붓기까지 했다. 사람들은 이런 소크라테스의 모습을 보면서 의아해했다.

"소크라테스는 늘 아내에게 욕을 먹는다지?"

"그것뿐이 아니야. 아내가 물까지 퍼부었다던데?"

"아니, 그렇게 유명한 분이 어떻게 그런 악처를 얻어서 고생할까?"

모두들 이상하다고 한마디씩 할 때 어떤 사람이 소크라테스에게 물었다.

"선생님, 하필이면 왜 그렇게 악한 여자를 부인으로 데리고 사십니까?"

그러자 소크라테스는 여유 있게 말했다.

"훌륭한 기수는 가장 성질 사나운 말을 택하는 법이오. 그런 말을 잘 달래서 탈 수 있는 사람이라면 다른 어떤 말이라도 다 탈 수 있기 때문이오. 나 역시 성질 나쁜 아내를 달랠 수 있다면 다른 어떤 사람이라도 잘 달랠 수 있지 않겠소?"

또 하루는 소크라테스의 제자가 와서 물었다.

"선생님, 결혼을 해야 좋을까요? 안 해야 좋을까요?"

"결혼해라. 만약 좋은 아내를 얻으면 행복할 것이고 나쁜 아내를 얻으면 철학자가 될 테니."

> 사람의 환경은 언제나 생각하기 나름이다. 사람이 생각하는 좋은 것이란 언제나 상대적이다. 좋은 것이 늘 좋은 것은 아니다. 좋게 생각하는 사람에게는 흠도 좋게 보이고 유익하게 보이지만 나쁘게 보는 사람에게는 좋은 것도 나쁘게 보인다.
>
> 만약 불우한 환경과 조건 때문에 낙담하고 좌절하는 사람이 있다면 다시 한 번 그것을 새롭게 바라보며 좋은 것을 발견하는 지혜가 필요하다. 남들이 보지 못하는 장점

을 찾아내어 감사하며 살자. 상대방이나 주어진 환경보다는 언제나 내 자신 안에 해결점이 있다는 것을 명심하자. 행복은 단점 속에서 장점을 찾는 지혜에서 온다. 〞

행복을 자기 자신 이외의 것에서 발견하려고 바라는 사람은 그릇된 사람이다. 현재의 생활, 또는 미래의 생활, 그 어느 것에 있어서나, 자기 자신 이외의 것에서 행복을 얻으려는 사람은 그릇된 사람이다. - 소크라테스

목적 있는 삶을 사노라면

프랑스 소설가 **오노레 드 발자크** _ Honore de Balzac 1799-1850

발자크는 소설가가 되는 것이 꿈이었다. 그의 아버지는 법률가로 키우고 싶었지만 발자크는 법률에 그다지 흥미를 느끼지 못했다. 발자크는 자기의 소신을 굽히지 않고 아버지에게 자기의 뜻을 밝혔지만 아버지도 이에 지지 않고 한 가지 조건을 제시했다. 몇 년 동안 소설을 쓰다가 출세하지 못하면 법률을 공부한다는 조건이었다.

발자크는 소설가로 성공하기 위해 열심히 글을 썼다. 그러나 아버지가 정한 기한이 되어도 소설가로서의 희망이 보이지 않았다. 아버지는 이제 약속대로 소설 쓰는 일을 그만두고 법률을 공부하라고 했다. 그럼에도 발자크는 계속 소설 쓰는 일을 고집하였다.

아버지는 화가 나서 발자크에게 더 이상 돈을 주지 않았다. 발자크의 생활은 매우 어려워졌다. 프랑스 문단에 몇 편의 소설을 써서 내놓

앉지만 별로 호응이 없어 그저 빚더미에 앉아 있었다. 그는 글을 쓰느라 빚을 더 많이 지게 되었다. 그래서 그 빚을 갚기 위해 글을 더 열심히 썼다. 그러다보니 더욱 빚은 늘어만 갔다. 그래도 발자크는 멈추지 않고 글을 계속 썼다.

1828년에 그가 갖고 있는 것이라고는 오직 펜 하나와 12만 5천 프랑의 빚뿐이었다. 그는 빚을 갚기 위해서라도 더욱 열심히 글을 썼고, 마침내 《인간희극》이라는 대작을 완성하였다. 먹고 자는 시간을 빼고는 대부분의 시간을 글 쓰는 일에 사용한 결과였다. 아무도 알아주지 않았던 무명의 소설가가 결국은 역사적인 대작을 탄생시켰다.

" 실패자일수록 쉽게 포기하는 경향이 있다. 그러나 성공하는 사람은 쉽게 포기하지 않고 인내하며 끝까지 자기의 목표를 향해 나간다. 사람들은 빨리 이루어지는 것을 선호하지만 빨리 이루어지는 것일수록 빨리 허물어진다.

지금 포기한 사람이 있는가? 좋은 목표를 갖고 시작했는데 여러 가지 상황에 부딪쳐서 그만둔 사람이 있는가? 그러면 다시 시작하라. 조금 늦게 이루어진다고 이루어지지 않는 것은 아니다. 빨리 이루어졌다고 그것이 온전히 이루어진 것도 아니다. 꿈이 더디 이루어질수록 그것을 기다리는 인내는 깊어지고 목표는 더욱 확실해진다.

상황이 비록 어렵지만 마음에 새겨진 꿈이 있는가? 남에게 이로움을 주는 일을 하고 싶은가? 인생은 바로 그것을 할 때 보람이 있고 가치가 있다. 비록 그것을 이루지 못하고 인생을 마친다 할지라도 우리는 그것을 목표로 삼아 인생을 살아가야 한다. 아무리 많은 재물과 건강을 갖고 있어도 목표 없이 하루하루 지낸다면 그것처럼 한심한 것이 없다.

당신에게 하나밖에 없는, 그래서 생명과도 기꺼이 바꿀 수 있는 꿈과 목표가 있는가? 그러면 당신은 정말로 행복한 사람이다. 그것을 이루기 위해 혹시 실패했다면 그것은 결코 실패가 아니다. 이미 포기하지 않은 그 열심과 기다림만으로도 벌써 당신은 성공의 길에 들어선 것이다. 🗮

불행 앞에 우는 사람이 되지 말고 불행을 새로운 출발점으로 이용하는 사람이 돼라. 어떠한 지혜로도 불행을 미리 막을 도리는 없다. 그러나 그 불행 속에서 새로운 길을 발견할 힘은 우리에게 있다.   - 오노레 드 발자크

길이 막혔거든
　　다른 길로 가라

PART 04

때로는 방향전환이 필요하다

프랑스 소설가 **장 자크 루소** _ *Jean-Jacques Rousseau 1712-1778*

스위스의 한 동네에 가난한 시계공의 아들로 태어난 사람이 있었다. 그의 어린 시절은 매우 불우했다. 태어나자마자 어머니를 잃었고 열한 살 때 아버지마저 실종되고 말았다. 그는 갑자기 고아가 되었고 이리저리 방황하며 소년 시절을 보냈다.

그러다가 우연히 한 친절한 미망인을 만나서 그 부인의 도움으로 공부하게 되었다. 청년은 음악에 관심이 많았다. 부인의 도움으로 파리에서 오페라 창작을 공부했으며 그곳에서 여러 예술가들과 친분을 맺었다.

그는 숫자로 악보를 대신하는 방법을 창안하여 사람들에게 자랑하고 다녔다. 그러다가 어느 날 음악 전문가가 루소의 숫자 악보는 오히려 번거롭다고 비평한 말에 수긍하고 음악가의 길을 접고 문학가의 길로 인생의 방향을 전환하였다. 그가 바로 프랑스의 유명한 소설가인 '장 자크 루소' 다.

❝ 대개 인생에서 실패하는 사람들은 자신의 재능보다는 다른 사람의 뜻이나 사회적인 통념을 따르는 경우가 많다. 그러나 비록 그 당시 사회가 알아주지 않아도 자기의 것을 찾아서 묵묵히 걸어갈 때 비로소 성공할 수 있다. 누구에게나 자신만이 갖는 독특한 능력이 있다. 그것을 발견하여 계발하는 것이 가장 중요하다.

지금 내가 하고 있는 것이 혹시 다른 사람의 것을 흉내내는 것은 아닌지 돌아보자. 단지 물질 때문에 별로 마음에 내키지 않는 것을 해서는 안 된다. 내가 좋아하는 것이라면 환경은 문제가 안 된다. 그러나 비전이 약하면 자연히 환경과 조건을 보게 된다.

내가 좋아하는 것과 재능을 찾아 그것에 승부를 건다면 다른 사람들의 평가나 일의 성공 여부와 관계없이 만족할 수 있다. 누구든지 내 능력을 찾아서 열심히 노력하면 언젠가는 그것을 발휘할 때가 온다.

그러므로 언제나 내 것이 아니다 싶은 것은 과감하게 빨리 포기하는 것이 좋다. 그리고 조금 시간이 걸리더라도 내 것을 찾아 다시 도전하는 것이 지혜로운 선택이다. 비록 많은 시간을 허비하고 인생의 남은 시간이 얼마 남지 않았다 하더라도 그때 시작하는 것은 시도만으로도 아름답다.

혹시 가다가 멈추는 한이 있더라도 내 것을 찾아 그것에 인생을 바치는 것처럼 의미

있고 소중한 것은 없다. 목표가 없으면 계획도 없고, 계획 없이는 시도할 수 없기에 꿈을 이룰 수 없는 것은 당연하다. 목표는 항상 위대한 힘을 발휘한다. 🍃

절제와 노동은 인간에게 가장 신실한 두 의사다. - 장 자크 루소

오기를 갖고 다시 한 번

가망 없는 사람들이 **성공한 예**

다른 사람들의 혹평을 참아내고 성공을 거둔 사람들이 있다.

- 폴란드의 유명한 피아니스트였던 파데르브스키가 처음에 피아노를 전공하겠다고 지원했을 때 그의 선생은 파데르브스키의 손이 작아서 피아노에는 전혀 희망이 없다고 말했다.

- 이탈리아의 불후의 테너 가수인 카루소가 성악을 전공하겠다고 첫 교습을 받았을 때 그의 선생은 카루소의 목소리가 창문을 울리는 바람소리 같아서 음악공부를 하지 않는 것이 좋겠다고 했다.

- 영국의 역사상 유명한 정치가이자 연설가로 알려진 디스레일리는

처음으로 국회에서 연설하는 날 사람들이 비웃고 야유를 해서 연설을 중단할 수밖에 없었다.

- 브리튼 해든과 헨리 루스가 유명한 미국의 〈TIME〉지 창간호를 냈을 때 사람들은 관심을 보이지 않았고, 심지어 유력한 인사들은 한결같이 '창간호로 끝내는 것이 좋다'라고 평가했다. 그러나 두 젊은 편집장들은 그들의 평가에 좌절하지 않고 계속 노력하여 마침내 세계적인 잡지로 입지를 굳혔다.

❝ 주위 사람들로부터 안 된다는 평가를 들었기 때문에 실망할 필요는 없다. 안 된다고 하는 일이 오히려 잘 되는 경우가 많기 때문이다. 사람들은 우리의 일을 쉽게 평가하고 쉽게 결론을 내린다. 그래서 우리로 하여금 자포자기하게 만들고 극심한 절망에 빠지게 한다. 사람들의 소리를 무시해선 안 되지만 너무 신경 쓸 필요는 없다. 누가 그런 이야기를 하는지가 중요하다. 보편적인 사람, 나의 생애에 관심을 갖지 않는 사람들의 이야기에 내 인생을 맡긴다는 것은 정말 어리석은 일이다. 사람들이 안 된다고 할 때 오기를 갖고 다시 시작해 보자. 열정을 품고 비전을 향해 나가는 길에는 실패가 없다. ❞

사람이 지혜가 부족해서 일에 실패하는 경우는 적다. 사람에게 늘 부족한 것은 성실이다. - 벤자민 디즈레일리

실패를 거울삼아

인쇄기술의 창시자 **요하네스 구텐베르크** _ *Johannes Gutenberg 1398-1468*

15세기의 일이다. 어느 날 한 보석 연마공이 트럼프에 힌트를 얻고 나무 조각에 그림을 그려서 작은 칼로 새긴 뒤에 잉크를 발라서 찍었다. 그러자 훌륭한 트럼프가 완성되었다. 인류 최초의 목판 인쇄 작품이었다.

이 이야기를 들은 수도원 원장이 성경을 들고 와서 그에게 성경 인쇄를 부탁했다. 그 당시에는 필사본 성경 외에는 없었다. 그는 목판 인쇄로 성경을 만들기에 착수했다. 날마다 성경 한 페이지씩 나무판에 새기기 시작했다. 그러던 어느 날 두 자만 더 새기면 되는데 그만 칼이 빗나가 목판에 상처를 내고 말았다.

'아, 안타깝다. 두 자만 새기면 되는데 다시 처음부터 시작해야겠구나.'

허탈해하면서 실패한 목판을 물끄러미 바라보고 있었다. 그러자 갑

자기 번뜩이는 아이디어가 떠올랐다. 목판에서 이리 저리 한 글자씩 잘라내면 된다는 생각이 스쳤고 그는 즉시 행동에 옮겼다. 한 글자씩 목판에 새길 것이 아니라 새긴 글자를 잘라내어 글자판을 만들어서 글자에 맞게 조합하여 찍으면 계속 목판을 만들지 않아도 인쇄가 가능하게 된 것이다.

정말 위대한 발견이었다. 그렇게 해서 활자가 만들어져 활판 인쇄가 시작되었다. 이 사람이 바로 활판 인쇄기술을 발명한 '구텐베르크' 다.

> 발명품이라는 것은 알고보면 아주 단순한 발상에서 생겨난다. 한 가지 착상이 그것을 가능케 한다. 이런 시각으로 보면 아직 발견되지 않은 것이 발견된 것보다 무수히 많을 것이다. 우리가 조금만 주위를 살펴보면 정말 무궁무진하게 찾을 수도 있다. 현재 자신이 하고 있는 일에 최선을 다하면서 그 일 가운데 찾아보면 성공의 길은 의외로 많이 있다.
> 남의 것을 보면서 부러워하기보다는 자기가 가진 것을 살펴보자. 그러면 그 안에서 미처 생각하지 못한 위대한 일을 찾아낼 수 있다. 이미 정해진 고정관념에서 벗어나 새로운 창조와 상상력을 발휘하면 얼마든지 성공적인 삶을 창출할 수 있다.
> 특히 이미 실패한 것 가운데 찾아보는 지혜가 필요하다. 조금만 더 노력하면 성공할

수 있는 것들이 실패한 것들 속에 들어 있는 경우가 많기 때문이다. 쓸모없다고 버려진 것들 속에서 우리는 성공을 발견할 수 있다. 누구에게나 공평하게 주어진 선물을 부지런히 찾기만 한다면 말이다. 𝟗𝟗

좋은 책을 읽는다는 것은 과거의 가장 훌륭한 사람들과 대화하는 것이다.

— 르네 데카르트

인생을 요리한 사람

러시아의 대문호 **막심 고리키** _ *Maksim Gorky 1868-1936*

　　그는 초등학교 때 천연두에 걸려 입학한 지 5개월 만에 자퇴하였다. 그것이 그가 가진 학력의 전부였다. 그는 제본소의 막일꾼, 외항선의 접시닦이 등 빈약한 학벌로 인해 언제나 밑바닥 인생을 살아야만 했다. 그러던 그가 외항선에서 볼프강이라는 요리사의 조수로 일하던 때부터 그의 문학 세계가 열리기 시작했다. 요리사의 선실에는 책이 많았고 그는 그때부터 책을 가까이 하게 되었다.

　그는 곧 독서에 취미를 붙이게 되었고 미친 듯이 글을 읽는 독서광이 되었다. 책 속에서 이제까지 보지 못한 세계를 접하면서 문학에 대한 관심도 갖게 되었다. 그는 새로운 결심을 하고 요리사 조수직을 그만두고 그의 뜻을 실현하기 위해 카잔으로 갔다. 그때 그의 나이 15세였다.

과자가게의 점원, 막일꾼 등 닥치는 대로 일하면서 그는 오직 문학에 대한 열망을 불태웠다. 그리고 틈나는 대로 글을 쓰고 또 썼다. 드디어 24세가 되던 해 그동안 써오던 글 〈마카르 추드라〉를 발표하였고, 그의 처녀작은 독자들의 많은 호응을 얻어 소설가로 일약 변신하였다. 뒤이어 〈첼카시〉, 〈바다제비의 노래〉 등을 발표하여 일약 러시아의 대표적인 작가, 곧 러시아의 하층생활을 그려낸 프롤레타리아 작가로서 명성을 누렸다. 그가 바로 러시아의 대문호 '막심 고리키'다.

" 세계적 명성에 비해 그가 가진 학력은 실로 초라했지만 많은 고난과 어려움을 통해서 만들어낸 그의 문학세계는 남들이 감히 넘볼 수 없는 독특한 세계관을 이루어냈다. 지금 나에게 닥친 불행한 환경과 조건이 나만의 작품을 만들어낼 수 있는 좋은 기회라고 생각해 보자. 그것을 오히려 역이용하여 새로운 것을 창조해 내는 특별한 과정으로 이해한다면 언젠가는 소중한 인생의 가치를 보석처럼 발견하게 될 것이다. "

내일 무엇을 해야 할지 모르는 사람은 불행하다. - 막심 고리키

결코 작지 않은 일

영국의 유명한 장관 **로이드 조지** _ *David Lloyd George* 1863-1945

영국 웨일즈 지방의 어느 시골에서 있었던 일이다. 한 소년이 위험한 병으로 중태에 빠져 거의 죽음 직전에 있었다. 그의 어머니는 아들을 살리고자 비가 퍼붓는 밤길을 5마일이나 달려 의사에게 갔다.

"선생님, 저와 같이 가주세요."

의사는 여러 가지 생각에 망설였다.

'비 오는 밤길을 5마일이나 달려가서 치료해 준들 이 가난한 과부가 과연 치료비를 낼 수 있겠는가? 소년 역시 생명을 건져봤자 앞으로 노동자로 살 수밖에 없을 텐데…….'

여러 가지 생각에 잠겨 있던 의사는 인간애와 책임감으로 길을 떠나 그 소년을 구사일생으로 살렸다.

이 소년이 바로 나중에 영국의 정치계를 주름잡고 재무장관, 국방장관, 군수장관을 역임한 로이드 조지다. 로이드 조지가 재무장관이 되던 날 그 의사는 이렇게 말했다.

"비가 퍼붓는 밤길을 5마일이나 건너가서 그 가난한 시골 농가의 소년을 구한 것이 바로 영국의 위대한 지도자의 목숨을 구한 것이라고 저는 생각조차 못했습니다."

❝ 지금의 작은 일이 나중에 어떤 일이 될지 아무도 모른다. 지금 닥친 어려운 일을 잘 극복하는 것이 이웃과 사회에 어떤 영향을 미칠지 아무도 모른다. 하나를 쉽게 포기하는 것은 결국 전체를 포기하는 것이 될 수 있다. 내가 포기하는 것은 나만의 문제가 아니다. 그러기에 어떤 일이든지 쉽게 포기해서는 안 되고 간단하게 생각해서도 안 된다. ❞

크게 한 걸음 내디뎌야 하는 순간, 두려움에 떨지 말라. 작은 두 걸음으로 협곡을 뛰어넘을 수 없다. － 로이드 조지

실례했습니다

프랑스 명배우 **위뉘**

프랑스의 명배우였던 위뉘의 일화다. 어느 날 그는 프렐과 가이아베리의 〈국왕의 사랑〉이라는 연극 작품에서 '국왕' 역을 맡게 되었다. 국왕이 사랑하는 여인과 식사를 하며 사랑을 고백하는 장면을 열연하던 중 위뉘는 무대 장치의 한곳에 튀어나와 있는 못을 보지 못하고 그만 바지가 걸려 찢어지게 되었다. 바지가 찢어지면서 몸에 찰싹 달라붙는 승마 바지의 넓적다리 부분이 손바닥만큼 찢어졌다.

그러나 위뉘는 눈썹 하나 까딱하지 않고 연극을 계속하면서 테이블 위에 있던 냅킨을 재빨리 집어 넓적다리를 동여맸다. 물론 관객은 그것을 보았지만 그의 매끄러운 연기에 매료되어서 조금도 동요하지 않았다. 위뉘는 당황하지 않고 침착하고 진지하게 대사를 이어나갔다.

그 어떤 이들이 나의 사랑을 비웃어도 상관없습니다. 다만 당신마저 저의 사랑을 비웃으신다면, 전 살아갈 가치를 잃게 됩니다. 당신이 제게 주는 모든 시선까지도…… 전 당신을 위해 내게 있는 모든 것을 비춰보일 수 있으며, 당신이 원한다면 그것을 모두 저버릴 수 있습니다.

그의 뜨거운 고백에 웃음지었던 관중석은 이내 숙연해졌다.
이윽고 막이 내릴 때가 되어 상대역인 여배우 라바리엘과 함께 무대 안으로 들어갈 때 위뉘는 관객을 향해 조금도 주저하지 않고 냅킨을 가리키며 말했다.
"실례했습니다. 그러나 제가 할 수 있는 데까지 최선의 노력을 했습니다."
그러자 관객은 그를 향해 그칠 줄 모르는 박수를 보냈다.
사실 위뉘는 상대역을 맡은 여인을 진실로 사랑하고 있었으며 위뉘의 위기 순간에 그의 대사는 대본에 없는 자신이 사랑하는 여배우를 위한 간절한 사랑 고백이었다.

❝ 우리는 흔히 실수와 실패가 닥칠 때 의기소침해한다. 다른 사람을 의식하며 하던 일을 멈추거나 포기하고 쉽게 주저앉는다. 실수와 실패로 정상적인 속도를 내지 못하고

우왕좌왕한다. 그러나 엄밀히 말하면 그것은 실수 때문이 아니라 실수로 인해 나타날 두려움과 비난 때문이다.

실패와 실수는 종종 감동을 불러온다. 누구나 실수할 수 있다는 사실을 인정하고 하던 일에 최선을 다하면 그것은 아름다운 여백으로 남게 되고, 그로 인해 인생은 더욱 아름답고 큰 감동을 준다.

사람들은 실패와 실수 없는 성공보다 그것을 딛고 일어서는 성공에 더욱 큰 갈채를 보내고 감동의 눈물을 흘린다. 가능한 실수하지 않으려고 노력하기보다는 주어진 일에 최선을 다하다가 발생하는 실수와 실패를 잘 이기며 아름답게 승화시키는 여유로움을 지녀야 한다.❞

온 세상은 텅 빈 무대이고 모든 여자와 남자는 배우에 불과하다.

– 윌리엄 셰익스피어

다시 뛰어봐

육상 올림픽 3관왕 **윌마 루돌프** _ Wilma Rudolph 1940-1994

미국의 어느 작은 마을에 '윌마'라는 흑인 여자아이가 태어났다. 매우 가난한 가정에서 태어난 윌마가 네 살 때 갑작스럽게 소아마비에 걸리자 윌마의 어머니는 하나님께 간절히 기도했다.

"하나님, 제 몸이 부서져도 좋으니 이 아이만은 제발 낫게 해주세요."

어머니의 간절한 간병과 병원 치료로 3년 만에 윌마는 마침내 자기 힘으로 설 수 있게 되었다. 그러나 걸을 수는 없었다.

"엄마, 난 걸을 수 없어."

"아니야, 다시 해봐. 넌 걸을 수 있어. 윌마야, 걸을 수 있다는 믿음만 가지면 된단다. 지금 포기하면 영원히 걷지 못한다. 다시 해보자. 넌 할 수 있어."

어린 윌마는 어머니의 말씀을 굳게 믿고 희망을 갖고 걷는 연습을 계속했다. 피눈물 나는 노력 끝에 윌마는 여덟 살 때 절뚝거리며 혼자 학교에 갈 수 있는 상태가 되었고, 고등학교 때는 소아마비를 이겨내고 학교에서 가장 빠른 육상선수가 되었으며, 열여섯 살 때는 우수한 청소년 육상선수가 되었다.

마침내 윌마는 1960년 9월 로마 올림픽 육상 여자 단거리 종목에 출전하기에 이르렀다. 100미터 출발선에 서 있는 윌마는 소아마비에 걸렸던 어린 시절을 회상했다. 공원에서 어머니가 그어놓은 흰 선을 향해 걷고 달리던 생각이 문득 떠올랐다. 어머니의 목소리가 들리는 것 같았다.

"윌마, 다시 뛰어봐. 넌 할 수 있어."

그때 총소리가 울렸다. 그녀는 오직 어머니와 흰 테이프만 보고 달렸다. 드디어 결승지점에 이르렀을 때 올림픽 신기록이 갱신되었다.

뒤이어 출전한 200미터 경기와 400미터 경기에서도 윌마는 금메달을 획득하여 올림픽 3관왕이 되었다. 윌마는 세 개의 금메달을 쥐고 시상대에 올라서서 마음속으로 외쳤다.

'엄마, 정말 고마워요. 모두 엄마 덕분이에요!'

❝ 감히 설 수도 없던 사람이 마침내 세계에서 가장 빠른 사람이 되었다. 희망과 절망의 차이는 무엇일까? 만약 윌마와 그의 어머니가 절망만 하고 그냥 있었더라면 윌마의 일생은 어떻게 되었을까? 할 수 없다고 결정하는 순간 우리는 정말 할 수 없는 사람이 된다. 그러나 할 수 있다고 생각하는 순간 우리는 무엇이든지 다 할 수 있다.

산행을 하다보면 계곡이나 산 중턱에 걸쳐 있는 구름다리를 만나게 된다. 오금을 펴지 못할 만큼 아찔하기도 하고 겁이 많은 사람은 아예 돌아가기도 한다. 그러나 정상을 향해 갈 때 반드시 거쳐야 할 코스라면 어떻게 하겠는가? 다시 돌아갈 수는 없고 아래만 쳐다봐도 아찔하다. 그럴 때는 앞을 보고 한걸음씩 천천히 걸어가면 된다.

우리가 살면서 겪는 문제들도 이와 같은 원리를 적용할 수 있을 것이다. 고난을 바라보지 말고 내가 늘 지향하는 삶의 목표를 바라보며 한걸음씩 걸어가다보면 어느새 목표한 지점에 다다를 수 있다. 어쩌면 지금의 고난은 더 나은 삶의 목표를 향해 나아가게 하는 동기가 되고 있는지도 모른다. ❞

엄마는 일찍부터 나에게 내가 강렬히 원하기만 하면 무엇이든지 이룰 수 있다는 믿음을 심어 주셨어요. 내가 첫번째로 강렬히 원하던 것은 금속 보조대 없이 걷는 일이었어요. - 윌마 루돌프

정말 소중한 것

세계 최고의 재벌 **존 데이비슨 록펠러** _ *John Davison Rockefeller*
1839-1937

　미국의 재벌 록펠러는 이미 33세 때 백만장자가 되었고, 43세가 되었을 때는 세계에서 가장 큰 회사를 가졌으며, 53세 때는 세계 최고의 부자가 되었다. 그 당시에는 억만장자가 록펠러 한 사람뿐이었다. 록펠러는 이미 50대에 자기가 소원하던 꿈을 다 이루었다. 더 이상 바랄 것이 없었다. 일주일 수입이 무려 1백만 달러였다. 정말 엄청난 액수였다.

　그러던 그가 악성 피부병에 걸리게 되었다. 머리카락과 눈썹이 빠지고 속눈썹마저 빠져버렸다. 몸이 점점 이상해졌다. 식사도 비스킷과 우유만 먹어야 했다. 또한 펜실베이니아에는 그를 미워하는 사람이 많았기에 그를 경호하는 사람들이 밤낮으로 그를 지켰다. 록펠러는 불면증으로 밤잠을 설쳐야 했고 점차 웃음을 잃어갔으며 사는 재미도 잃었다.

최고의 의사들이 그를 돌보면서 록펠러가 앞으로 1년 이상 살기 힘들 것이라는 비관적인 결론을 내렸다. 록펠러는 깊은 절망에 빠졌다. 그런데 순간 '만약 내가 이렇게 죽는다면 나의 이 많은 재산 중에 단 하나도 갖고 갈 수 없지 않은가' 라는 생각이 들었다. 결국 그날 그는 엄청난 사실을 깨닫게 되었다.

'일생에 있어서 돈보다 더 중요한 것이 있다. 돈이 일생의 전부가 아니다.'

그동안 돈이 전부라고 생각한 자기가 얼마나 어리석었는지를 깨달은 순간 그의 마음이 평안해졌다.

다음날 아침 록펠러는 완전히 다른 사람이 되었다. 그는 결심한 대로 막대한 재산을 교회를 위해서 사용했다. 수천 대의 풍금이 교회로 배달되었고, 가난한 사람들에게 그의 손길이 전해졌다. 마침내 그는 록펠러 재단을 설립하였고 의학을 개발하여 병든 자를 고치는 일에 앞장섰으며 수많은 자선 사업을 벌였다. 그런데 이상한 일은 록펠러가 이런 일을 시작하면서 사는 재미를 느끼게 되었고 그토록 시달리던 불면증에서 해방되었다는 것이다. 인생을 사는 즐거움을 느끼게 되었고 음식도 잘 먹을 수 있게 되었다. 약으로도 고칠 수 없던 병이 깨끗이 낫는 기적 같은 일이 일어났다. 의사의 진단은 완전히 빗나갔고 그는 98세까지 살았다.

❝ 우리는 돈이 없으면 실패자라고 생각한다. 어떤 사람은 이런 착각을 죽는 순간까지 하는 사람도 있다. 그것으로 위축되고 자신을 비관해 목숨을 끊기도 한다. 그러나 성공은 돈에 있는 것이 아니다. 비록 세상은 돈이 많고 적음으로 성공과 실패를 규정하고 있지만 그것이 정답은 아니다.

돈 때문에 실패했다고 생각하는 사람이 있다면 이 한 가지 사실을 기억해야 한다. 그것은 돈을 초월해서 일어나는 일들이 우리 주위에 너무나 많이 있고 그것으로 성공하는 사람도 주위에 많다는 사실이다.

중요한 것은 마음이다. 무엇을 중요하게 생각하며 어디에서 즐거움을 찾을 수 있는지 생각하는 것이 더 중요하다. 어쩌면 우리는 아주 쉽게 당장 해결할 수 있는 일을 두고 오랜 기간 동안 헤매고 있는지도 모른다. ❞

단지 부자가 되고 싶다는 막연한 생각을 가지고 시작하는 이들은 성공하기 어렵다. 더 큰 야망을 지녀라. - 록펠러

마음이 부자라서 행복한 사람

한국의 화가 **운보 김기창** _ 1913-2001

　　　　　　그는 어릴 때 장티푸스에 걸려서 고열에 시달렸다. 그때 소리를 듣는 청신경이 말라버려 결국 어린 나이에 청각장애자가 되었다. 초등학교 입학 무렵이었다. 그는 열두 살이 돼서야 초등학교 1학년에 들어갔지만 말을 들을 수 없어서 제대로 공부하기가 어려웠다.

　2학년이 되자 아이는 새로 받은 교과서를 펴서 그림 구경을 하고 있었다. 그러다가 문득 교과서의 흰 여백에 그림을 그려보고 싶은 생각이 들어서 연필로 여기저기 생각나는 대로 그림을 그렸다. 날이 갈수록 그림 그리는 시간이 늘어가고 거기에 취미를 붙이면서 교과서는 낙서투성이가 되었다.

　그러나 그가 어느 정도 그림을 그리게 되었을 때 어머니가 심장마비로 갑자기 돌아가셨기 때문에 그가 집안 살림을 맡아서 해야 했다. 입에 풀칠하기도 어려운 형편이었지만 부단히 노력하여 그는 20세가 되던 1937년에 선전에서 최고상인 '창덕궁상'을 받았다.

그 일로 인해 점차 미술계에 이름이 알려지기 시작했고 결국에는 우리나라를 대표하는 훌륭한 화가가 되었다. 그는 세계 여러 나라를 다니며 전시회를 열어 한국의 그림을 소개했다. 특히 그가 피난시절에 그린 〈예수의 일생〉은 한국적인 모습으로 예수의 일대기를 그린 특이한 작품이다.

아내를 잃은 뒤에는 오히려 그 슬픔을 딛고 농아인을 위해 일하기로 다짐하였으며, 이를 계기로 '한국 농아 복지회'를 만들었다.

그가 바로 운보 김기창 화백이다. 그는 비록 듣지 못하지만 장애를 극복하고 열심히 그림을 그렸고, 농아인들을 더욱 이해하고 사랑하는 마음을 갖게 되었다. 그러한 노력의 일환으로 작게나마 장애인들을 위해 일할 수 있게 되었다. 장애가 있기에 오히려 장애인과 더욱 가까울 수 있다는 것이 그에게는 큰 행복이었다.

❝ 아픔이 있기에 아픈 사람을 마음으로 더욱 사랑할 수 있고, 고통이 있기에 고통 중에 있는 사람을 위해 진심으로 위로할 수 있다면 그것만으로도 이미 다른 사람들이 갖지

못한 큰 사랑을 가진 것이다.

우는 자와 함께 울 수 있는 마음을 가진 것만으로도 우리는 충분히 부자다. 내가 겪은 아픔으로 인해 이전보다 더 아픈 사람들을 잘 이해하며 한걸음 친근하게 다가설 수 있게 된다면 우리는 이미 돈으로 살 수 없는 소중한 것을 얻은 것이다. 〞

인간 현존의 최대 행복은 장애의 극복이다. - 아르투르 쇼펜하우어

잿더미가 된 원고 덕분에

문학가요 사상가인 **토머스 칼라일** _ *Thomas Carlyle 1795-1881*

칼라일은 천신만고의 수고와 고생 끝에 한 작품의 원고를 탈고한 후 평소 역사에 관심이 많은 이웃들에게 한 번 읽어줄 것을 부탁했다. 그러나 사람들은 원고를 건네받고 다른 일로 분주해 그 원고를 읽는 것을 잊어버렸다.

몇 주일이 지나도 사람들로부터 소식이 없자 칼라일은 원고를 되돌려달라고 하였다. 사람들은 그제야 원고를 찾았으나 찾을 수 없었다. 며칠 동안 테이블 위에 방치된 원고를 하녀가 불쏘시개로 써버렸기 때문이다.

칼라일은 정신이 아찔했다. 일생 동안 심혈을 기울인 원고가 눈 깜짝할 사이에 잿더미로 변해버렸기 때문이다. 초고조차도 없는 원고라 더욱 난감했다. 그러나 원고를 다시 쓸지 아니면 집필을 포기할지 갈

림길에 선 칼라일은 원고를 다시 쓰기 시작했다.

대단한 인내와 무서운 용기로 처음부터 다시 원고를 집필하였는데 그렇게 해서 나온 책이 바로 《프랑스 혁명사》다. 칼라일은 이 책으로 일약 명성을 얻었고 영국의 문학가와 사상가로서 사람들에게 큰 사랑을 받았다.

❝ 실수로 망쳐버린 일로 인하여 우리는 심한 좌절과 낭패감을 맛볼 때가 종종 있다. 그러나 분명한 사실은 고생도 하지 않고 노력도 기울이지 않아도 성공하는 사례는 많지 않다는 것이다. 고통을 동반한 시련과 실패를 무릅쓰고도 포기하지 않고 도전했기 때문에 성공하는 사람들이 훨씬 많다.

무엇이든지 억지로 되는 일은 없다. 자연스럽게 그것을 따라가고 나타난 그대로 받아들여라. 때가 되면 자연스럽게 좋은 결과로 나타날 것이다. 때때로 열심히 노력한 것이 어처구니없게 수포로 돌아가는 일도 있고 예기치 않은 일로 인해 손해 볼 때도 있다.

하지만 그때마다 좌절해선 안 된다. 넓은 길을 가기 위해 거치는 좁은 길이라면 거기서 돌아가는 것처럼 어리석은 일이 없다. 안 되는 일은 언제나 이유가 있고, 나름대로 뜻이 있다. 지나보면 더 좋은 것을 얻기 위한 하나의 필요한 과정일 수 있다.

우리의 성공은 사실 이런 수없는 과정들이 모여서 이루어진 것들이다. 혹시 지금 실수로 인해 망친 상황을 보며 안타까워하는가? 아니면 다른 사람의 탓으로 돌리며 그 사람을 미워하거나 원망하고 있는가?

그렇다면 과감히 접어두고 다시 시작하라. 지금의 이런 실수가 차곡차곡 쌓여서 위기에 저력을 발휘하여 끝내 성공을 이룰 것이다. 성공에 대한 믿음을 갖고 포기하지 않고 사는 사람은 결국 성공하게 된다.**"**

인생에서 중요한 것은 멀리 있는 희미한 것을 바라보는 것이 아니라, 가까이에 있는 것을 분명히 행동에 옮기는 시도이다. - 토머스 칼라일

1201번째 도전에서 얻은 성공

천재 과학자 **토머스 에디슨** _ *Thomas Edison 1847-1931*

　　　　　　천재 과학자로 불리는 에디슨은 천재 이전에 노력의 사람이었다. 그는 초등학교 다닐 때 이미 '학업에 적응할 수 없는 아이'라는 평가를 받았던 사람이다. 열등생 취급을 받아 학교에서 공부하지 못하고 부모 밑에서 공부하였다.

그러던 그가 백열전등을 만드는 데 무려 1,200번이나 실패하고 있을 때 한 친구가 다가와서 말했다.

"1,200번이나 실패했는데 이제는 그만 포기해라."

그때 에디슨은 이렇게 말했다.

"나는 1,200번 실패한 것이 아니라 1,200가지로는 되지 않는다는 사실을 발견했을 뿐이다."

그는 결국 절망하지 않고 다시 실험한 결과 1,201번째 성공하였다.

그래서 그는 이런 유명한 말을 남겼다.

"성공은 1퍼센트의 천재적 능력과 99퍼센트의 땀으로 이루어진다."

귀머거리의 유익

에디슨이 소년 시절에 열차 안에서 신문을 팔며 지낸 일이 있었는데 그 기차의 차장은 에디슨에게 화물열차의 한구석을 자유롭게 사용하도록 허가해 주었다. 에디슨은 자기가 좋아하는 화학 실험을 위하여 구석에다 약품을 진열해 놓고 자기 나름대로 연구를 하였다.

한번은 기차가 커브 길을 속도를 내서 달리다가 에디슨의 화학약품이 떨어지며 차 안에 불이 붙었다. 불을 간신히 끄고 나자 화가 난 차장은 에디슨의 화학실험 약품을 창밖으로 다 내던지고 에디슨의 따귀를 한차례 때렸다. 그로 인해 에디슨은 나중에 거의 귀머거리가 되었다.

에디슨의 친구들은 에디슨에게 전문 의사에게 수술을 받도록 권면하였으나 좀처럼 허락하지 않다가 마침내 수락하였다.

그러나 귀 수술을 받기로 한 약속 시간이 되었으나 에디슨은 병원에 나타나지 않았다. 에디슨은 그 시간에 연구실에서 연구에 몰두하고 있었다.

에디슨은 수술을 받지 않기로 결심하였다. 그 이유는 귀머거리로 그대로 있는 것이 바깥세상의 시끄러움과 복잡함의 방해를 받지 않게 되어 연구생활에 훨씬 도움이 될 것이라는 결론을 내렸기 때문이었다.

위기가 기회다 _

에디슨은 젊은 나이에 이미 다중 전신장치, 티커 테이프 전신장치를 비롯한 전신 기술에 혁신을 이루었다. 그런데 1870년에 에디슨의 성공적인 발명가의 길에 장애물이 생겼다. 돈이 아주 많은 굴지의 재산가인 제이 굴드가 이 분야에서 산업의 독점화를 시작했다는 소식이 들려온 것이다. 제이 굴드가 웨스턴 유니온사의 전신 시스템을 모두 사버려 이제는 에디슨이 더 이상 이 분야에서 설 자리가 없어졌다.

'야, 이거 큰일 났구나. 어떻게 하지?'

다른 방법이 생각나지 않았다. 그럼에도 불구하고 에디슨은 좌절하거나 포기하지 않았다. 에디슨은 곰곰이 생각한 끝에 전신 장치 발명에 대해서는 더 이상 기술혁신이 어렵다고 판단해서 이 분야의 연구를 포기하고 다른 곳에 자기의 재능을 투자하기로 결심하였다.

그 결과 에디슨은 전구, 수력 발전, 축음기, 영사기 등 수많은 발명품을 만들 수 있게 되었다. 오히려 사업의 방향을 바꿈으로 생각지 못한 수많은 발명품을 만들어낼 수 있었다. 자기에게 어려움을 주었던 제이 굴드 때문에 에디슨은 오히려 더 큰 성공과 많은 발명을 하게 된 것이다.

11만 번의 실패

에디슨은 알고보면 위인들 가운데 가장 많은 실패를 한 인물이기도 하다. 에디슨은 1년 넘게 하루에 네 시간씩 잠을 자면서 1만 번의 실험 끝에 전기를 발명하는 데 성공했다. 축전지를 발명할 때는 무려 5만 번의 실패를 거듭하면서 결국에는 성공했다.

에디슨은 이미 초등학교 때부터 저능아로 취급받고 퇴학을 당할 정도로 학교생활에 실패한 사람이었다. 그 이후로도 그는 수없이 도전과 실패를 거듭했지만 자기가 하고자 하는 일과 목표를 절대로 포기하지 않았다.

그는 신앙이 돈독하였기에 학교나 세상이 가르쳐주지 않은 하나님의 창조의 섭리를 믿고 스스로 이해하면서 우리가 사는 우주에는 하나님의 충만한 신비가 숨어 있음을 발견하였다. 그는 이러한 비밀스런 원리들을 밝혀낼 때마다 겸손하게도 이미 하나님이 창조해 놓은 자연의 질서이자 규칙을 발견한 것뿐이라고 생각했다. 그런 생각을 바탕으로 전등, 축음기, 전화, 타자기, 전차, 영사기 등 3천 4백 종이나 되는 엄청난 발명을 하였다.

82세로 죽는 그날까지 오직 발명만을 위하여 인생을 땀으로 바친 그는 살아 있는 동안에 약 10일꼴로 새로운 발명품을 내놓은 셈이니 그의 영감과 실패를 두려워하지 않는 피나는 노력은 실로 대단하다.

그가 일생 동안 실험을 거듭하면서 실패한 횟수가 무려 11만 번이나 된다고 하는 것은 우리가 감히 상상하기조차 어려운 숫자다. 그는 돈을 벌기 위해서가 아니라 오직 인류에게 유익을 주기 위해서 수많은 실험에 도전하였고 결국에는 그 꿈으로 인해 성공에 이르렀다.

❝ 어떤 실패를 한다 할지라도 그것이 인류를 위해 봉사하는 일이라면 끝까지 도전하라. 그러나 나를 위한 도전은 아무리 노력해도 종국에는 성공처럼 보이는 실패로 남는다. 남을 위한 일을 하다가 당하는 실패는 단지 성공을 위한 공부일 뿐이다. 위대한 것일수록 더디게 이루어지고 많이 실패하는 법이다.

우리는 자칫 외적인 인간적인 결점과 약점 때문에 고민하게 된다. 그러나 알고 보면 그 결점이 있음으로 인해 큰 유익이 되는 경우를 잊고 산다. 보이는 것이 없음으로 인해 고민하지 말라. 그것으로 인해 보이지 않는 것에 더 열중하게 된다면 우리는 더 소중한 보화를 얻게 되는 것이기 때문이다.

사람이 살아가면서 늘 성공만 하는 것은 아니다. 성공 뒤에는 언제나 위기가 올 수 있다. 그렇다면 지금의 위기는 인생을 새롭게 전환하는 기회일 수 있다. 생각해 보라. 지금의 위기와 실패가 인생의 스승이 될지 누가 아는가?

위기가 올수록 정신을 집중하고 일의 본질을 꿰뚫어본다면 지금까지 보지 못했던 새로운 길이 보일 것이다. 눈을 크게 뜨고 보다 넓은 미래의 길을 보라. 진정 크고 원대한 비전을 갖고 현실에서 이루고자 하는 사람은 비전이 현실로 이루어진 모습을 상상하며 마음의 눈으로 바라볼 수 있다.

만약 에디슨이 몇 번의 실패에 낙담하여 하던 일을 그만두었다면 지금 우리가 편리하게 사용하고 있는 수많은 발명들은 이루어지지 못했을 것이다.

지금 나의 실패가 수백 번 실패의 연속이라 하더라도 포기하지 마라. 지금의 이 실패만 넘으면 다음에는 성공이 기다릴지 누가 알겠는가? 거듭되는 실패일수록 그 뒤에 바짝 기다리고 있을 위대한 성공을 기대하며 포기하지 말고 도전하라.

실패한 과거의 기억과 주위 사람의 비난과 조롱을 마음에 새기지 말고, 마지막에 이루어질 위대한 영광과 아름다운 발견에 설렘을 갖고 새롭게 도전한다면 언젠가 그 꿈을 이룰 것이다. 〞

> 인생의 많은 실패는 사람들이 포기했을 때 자신들이 성공 일보 직전까지 갔다는 점을 깨닫지 못한 데서 생긴다. - 토머스 에디슨

가장 위대한 것

자동차 왕 **헨리 포드** _ Henry Ford 1863-1947

미국의 자동차 왕인 헨리 포드는 초등학교도 제대로 나오지 못한 사람이었다. 그런데 어떻게 그가 대학을 나온 사람들도 하지 못하는 자동차를 감히 만들 수 있었을까?

그에게는 다른 사람이 가지지 못한 한 가지 귀중한 자산이 있었다. 그것은 내일에 이룰 꿈이었다.

포드가 자동차를 만들게 된 동기는 간단했다. 달려가는 마차를 보고서 "말이 없이 갈 수 있는 차를 만들 수 없을까?" 하고 상상한 것이었다.

사람들이 보기에는 엉뚱한 상상이었지만 그것은 포드의 미래의 관심이었다.

그의 아내도 역시 그 꿈에 대해서 동조를 하며 서로 믿음을 키워 나갔다.

아내의 격려와 믿음은 포드에게 큰 힘이 되었다. 자기의 꿈을 이루는 데 큰 원동력이 되었다. 결국 그가 꿈꾸었던 대로 말 없이도 갈 수 있는 차를 만들었다. 그 차가 바로 포드 자동차이다.

자동차 왕 헨리 포드가 80세가 되던 때였다. 그를 위한 만찬회가 디트로이트 시내에서 개최되었다. 포드가 나오기 전에 많은 명사들이 모여서 포드가 이룬 성공담에 대해 이야기를 나누고 있었다.

자동차뿐 아니라 기선 공장, 유리 공장, 옷 공장, 석탄 공장, 페인트 공장 등 수많은 사업체를 사들이고 성공적으로 경영한 이야기는 모인 사람들의 흥미를 끌기에 충분했다. 드디어 포드가 등장했다. 사람들은 포드에게 질문을 했다.

"포드 씨, 당신이 일생 동안 이루어놓으신 그 훌륭하고 많은 일들 가운데 가장 크고 중요한 성공은 어떤 것이라고 생각하십니까?"

그가 무슨 말을 할지 모든 사람의 귀와 눈이 동시에 그에게 쏠렸다. 포드는 한마디로 간단하게 말했다.

"그야 물론 나의 가정이지요."

❝ 우리는 성공을 대단한 것으로 생각한다. 크고 위대한 것만 손에 잡히는 것으로 생각한다. 그래서인지 위대한 것이 어떤 때는 가장 초라한 것이 되고 가장 비참하고 비겁

한 것이 되는 경험을 많이 한다. 처음에는 위대하다고 생각했던 것이 나중에 보면 정말 하찮은 것이었음을 깨닫게 되는 일이 얼마나 많은지 모른다.

그러나 위대한 것은 언제나 작은 것에서 출발하고 작은 것 안에 이미 위대한 것이 들어 있다. 드러난 위대함보다는 드러나지 않은 위대함이 더 많다. 주어진 일에 진실한 마음으로 최선을 다하면 그것이 곧 위대한 일이 되는 것이다.

명성도 없고 지위와 재산도 없고 특별하게 이룬 것이 없어도 위대한 사람이 될 수 있다. 가장으로서 행복한 가정을 잘 이루어도 그는 위대한 사람이다. 한 아이를 잘 키우는 엄마의 역할만 잘해도 그는 위대하다. 남이 알아주지 않아도 자기의 주어진 일에 최선을 다하는 사람도 위대하다.

행복한 가정과 건강한 사회와 밝은 이웃을 위해서 섬기고 봉사하는 사람은 모두 위대한 사람들이다. 나의 기쁨보다는 다른 사람의 기쁨을 먼저 생각하며 묵묵히 희생하는 수많은 위대한 사람들이 있다. 어쩌면 나는 지금 위대한 일을 하고 있는지 모른다.

성공한 사람들의 최고의 자산은 '성실성'과 '기쁜 마음으로 일하는 것'이다. 최선을 다하는 삶은 아름답다. 최고가 되는 것도 중요하지만 최선을 다하는 것이 더 중요하다. 최선을 다할 때 최고가 되는 기쁨 또한 누릴 수 있다. 〞

당신이 할 수 있다고 믿든 할 수 없다고 믿든 당신이 믿는 대로 될 것이다.
― 헨리 포드

실패한 성공

마지막에 **실패한 사람들**

- 세상 즐거움으로 성공한 사람, 영국의 시인 바이런은 남들이 모두 부러워하는 미남이며 멋있고 걸출한 시인이었다. 일생 동안 향락과 즐거움을 마음껏 누리면서 살던 그가 마지막 생일에 침통한 심정을 시적으로 표현했다. "나의 인생은 말라버린 노란 낙엽 같구나! 나는 버러지다. 나에게는 슬픔만이 있을 뿐이로구나!"

- 철학으로 성공한 사람, 프랑스 철학자 볼테르는 평생을 하나님이 없다고 주장하면서 하나님을 믿는 사람들을 멸시하고 자기 식견을 당당하게 내세우며 살았다. 그러던 그가 마지막에 이런 말을 처절하게 남기고 죽었다. "나는 차라리 세상에 태어나지 않았으면 더 좋았을 것을! 아, 나는 지옥에 가는구나!"

- 미국의 작가이며 국제적 혁명이론가로서 세상 명예에 성공한 사람, 토머스 페인은 많은 그리스도인을 향해 세상에서 가장 천치 바보 같은 사람이라고 빈정대며 많은 그리스도인들로 하여금 신앙을 버리도록 권유했다. 그러던 그가 마지막에 숨을 거두기 전에 숨을 헐떡거리며 이렇게 말했다. "오, 하나님! 나를 도와주세요. 예수 그리스도여, 나를 도와주세요."

- 재물로 성공한 사람, 미국의 재산가 제이 굴드는 백만장자로 평생을 돈과 함께 아무 부족함 없이 살았다. 그러나 그의 생애의 마지막 날에 이렇게 외쳤다. "나야말로 세상의 가장 처참한 바보 천치였구나!"

- 권세에 성공한 사람, 프랑스 황제 나폴레옹은 천하 최고의 권세를 누리면서 '나의 사전에 불가능은 없다'고 자신만만하게 외쳤다. 그러던 그가 마지막에 귀양살이를 하던 세인트헬레나 섬에서 이렇게 외쳤다. "알렉산더, 시저, 그리고 나는 힘으로 대제국을 설립했다. 그러나 그것은 아무것도 아니었구나! 죽음과 사랑으로 제국을 세운 예수 그리스도의 깃발은 영원히 온 세상에 빛나고 있구나!"

- 진화론의 이론으로 성공한 사람, 영국의 생물학자 찰스 다윈은 만물은 하나님이 창조한 것이 아니라 스스로 나서 스스로 멸한다는

진화의 학설을 발표하여 세상을 떠들썩하게 만들었다. 그러나 그가 말년에 자신이 젊었을 때 정립한 가설을 두고 깊이 후회하면서 자신의 저작을 다시 회수하지 못하고 죽게 된 것을 몹시 후회했다. 임종을 눈앞에 두고 병으로 시달리면서도 그는 성경을 읽으면서 혼잣말로 늘 이렇게 중얼거렸다. "거룩하신 하나님, 위대하신 하나님! 비할 데 없는 구주여!"

• 세상의 최고의 부귀와 명예로 성공한 사람, 이스라엘 왕 솔로몬은 왕으로서 부인을 천명이나 두고서 인생을 즐겼다. 모든 것을 금으로 치장하여 권세를 누리고 수많은 말과 병력을 두고서 이웃 나라의 부러움을 샀고 지혜와 지식과 문학의 모든 면에 능숙하여 정말 누구도 누릴 수 없는 부와 권세를 누리고 살았다. 그가 마지막에 인생을 회고하면서 후대의 인생들에게 이렇게 결론을 맺었다. "헛되고 헛되고 헛되니 모든 것이 헛되도다. 사람이 해 아래서 수고하는 모든 수고가 자기에게 무엇이 유익한고…… 내가 해 아래에서 행하는 모든 일을 본즉 다 헛되어 바람을 잡으려는 것이며 해 아래서 무익한 것이로다…… 사람이 비록 일백 자녀를 낳고 또 장수하여 사는 날이 많을지라도 그 심령이 낙이 족하지 못하고 또 그 몸이 매장되지 못하면 나는 이르기를 낙태된 자가 저보다 낫다…… 사람의 수고는 다 그 입을 위함이니 그 식욕은 차지 아니하느니라."

❝ 혹시 나의 실패가, 나의 절망이, 나의 아쉬움이 위와 같은 사람들이 찾고자 하는 것들은 아니었는지? 지금의 좌절이 이런 것들을 더 얻지 못해서 오는 것이라면 우리의 한숨과 슬픔은 정말 아무 가치 없는 헛된 것이다. 그러나 이런 실패와 절망으로 인하여 그보다 더 소중하고 가치 있는 것이 있다는 사실을 알고 그것을 찾게 되었다면 우리의 슬픔과 부끄러움은 더 이상 추하고 보기 싫은 그림이 아닌 참으로 아름다운 그림이 될 수 있다. ❞

인간은 삶의 3분의 1을 잠으로 보내는 주제에 죽음을 슬퍼한다.

– 조지 고든 바이런

다른 사람을 위한 삶

민족의 지도자 **남강 이승훈** _ 1864-1930

    1911년에 일제는 '총독 암살 날조극'을 꾸미고 대한민국 독립 인사들을 모두 체포하였다. 이것을 역사는 '105인 사건'이라고 부른다. 이때 민족의 지도자인 이승훈 선생도 일제에 의해 체포되어 5년 동안 감옥생활을 하였다. 그러나 그럴수록 그에게는 민족을 사랑하는 마음이 타올랐고 투철한 독립투사의 의지를 굽히지 않았다.

    기독교 신자였던 그는 감옥에서 주로 성경을 읽었고 기도와 사랑 실천에 앞장섰다. 남강 이승훈 선생의 일생은 고통스럽고 옥에 갇힌 생활이었지만 그 안에서도 오직 나라와 민족과 다른 사람을 위해서 할 일을 찾아 행하며 지냈다. 그가 죽은 후에 사람들은 남강의 비석에 이런 말을 새겼다.

"일생을 남을 위해서 살았고 자신을 위해서는 아무것도 한 것이 없는 사람."

❝ 인간은 혼자서 살아갈 수 없다. 그래서 인간을 '사회적 동물'이라고 했다. 이 세상을 살아가면서 정작 중요한 것은 남을 사랑하고 위하는 마음이다. 이웃과 민족과 나라를 사랑하는 마음을 갖고 일생을 바치며 헌신하는 사람은 분명 인생의 의미를 제대로 간파한 사람이다.

흔히 우리가 타인을 사랑하는 이유는 자기 자신을 사랑하기 위해서라고 말한다. 자신을 사랑하는 방법을 모르기 때문에 타인에게 사랑을 베풀며 그 사람이 기뻐하고 슬퍼하는 모든 반응들을 지켜보고 의미를 담는 것이다. 그렇게 연습하고 부딪쳐가며 자신을 사랑하는 방법을 배우는 것이라고 한다.

그렇다면 타인을 사랑하는 일을 게을리 하거나 아예 멈춰버린다면 결국 자신을 사랑하는 일을 포기하는 것이 되지 않을까? 때론 나를 사랑하는 그 사랑의 모습이 왜곡되고 원활하게 소통되지 않더라도 결코 포기해서는 안 된다. 사랑은 흘러가게 해야 한다. 더불어 산다는 것이 어렵고 힘들다고 말하는 사람들이 있지만 함께 사는 것마저 어렵다면 무엇이 인간 내면의 허허로움을 달래줄 수 있겠는가.

사람은 자기 혼자의 힘으로 서 있는 것이 아니다. 기둥이 하나만 있으면 지붕을 올릴 수는 있지만 곧 지붕과 함께 기둥도 무너지기 쉽다. 그러나 기둥을 하나 더해서 두 개가 되면 조금은 안심할 수 있다. 다시 하나를 더해서 기둥을 세 개로 만들면 제법 안

정된다. 거기다가 다시 또 하나를 더해서 기둥을 네 개로 만들면 이젠 상당히 안정적이다.

사람이 혼자 살아가는 것은 하나의 기둥으로 흔들리는 지붕을 불안하게 지탱하고 있는 것과 마찬가지다. 그러나 우리가 살아갈 때 비틀비틀 흔들리면서도 결코 쓰러지지 않는 것은 '보이지 않는 기둥'이 우리를 지탱하고 있기 때문이다. 사람은 누구나 혼자 살아가지 않는다. 아니 혼자 살 수도 없다. 우리의 삶은 타인과 더불어 살기 위한 장이다. 자신을 위해 열심히 사는 사람은 외롭다. 그러나 타인을 위해 사랑을 베풀며 사는 사람은 결코 외롭지 않다.

나의 비문에는 어떤 글이 새겨질까? 다른 사람들이 나의 죽음에 대해 어떤 말을 하게 될지 한 번쯤 생각해 보는 것도 좋을 듯하다. 〞

우리가 할 일은 민족의 역량을 기르는 일이지 남과 연결하여 남의 힘을 불러들이는 일이 아니다. 나는 씨앗이 땅속에 들어가 무거운 흙을 들치고 올라올 때 제 힘으로 들치지 남의 힘으로 올라오는 것을 본 일이 없다. — 이승훈

삶은 언제나 **희망**을 말한다

PART 05

비우면 여유로운 삶

노벨상을 제정한 **알프레드 노벨** _ *Alfred Nobel 1833-1896*

스웨덴의 화학자이자 발명가인 노벨은 1833년에 스웨덴에서 태어나서 1866년에 다이너마이트 폭약을 발명했다. 사회적으로 어느 정도 성공하고 다이너마이트 폭약으로 돈을 많이 번 노벨이 어느 날 아침 신문을 보고 깜짝 놀랐다. 신문에는 이런 기사가 실렸다.

"알프레드 노벨이 사망하다."

그 기사를 읽어보니 여러 가지 부제들이 자신에 대해 표현하고 있었다.

"다이너마이트의 왕이 죽다."

"죽음의 사업가가 죽다."

"파괴의 발명가가 죽다."

노벨은 너무나도 큰 충격을 받았다. 자기가 죽었다는 기사보다도 성공한 자기를 세상이 '죽음의 사업가'니 '파괴의 발명가'라고 부른 것 때문이었다. 물론 그 기사는 기자가 노벨과 동명이인의 죽음을 잘못 보도한 것이었다.

노벨은 그 사건으로 인해 잠시 자기의 생애를 돌아보게 되었다. 그렇게 인생을 마치고 싶지 않았다. 그는 자기의 생애를 사람을 죽이는 데 사용하는 것이 아니라 사람을 살리는 데 기여하고 싶었다.

그렇게 해서 노벨이 인생 마지막 즈음에 극적으로 결정한 것이 자기의 거대한 재산을 바쳐 인류의 생명과 평화를 위해 노벨상을 제정한 것이었다. 노벨은 원금을 집행인들에게 맡겨 안전한 곳에 투자해 기금을 조성하게 하고, 거기서 나오는 이자를 인류에 가장 크게 공헌한 사람들에게 골고루 분배하게 했다.

상 중에 가장 우수한 상으로 평가받는 노벨상이 이렇게 해서 탄생했다. 실패할 뻔한 인생이 성공한 인생으로 바뀐 것은 잘못 보도된 신문 기사 때문이었다.

❝ 오늘도 우리의 인생은 평가가 매겨질 것이다. '얼마나 편안하게 오래 살았느냐', '얼마나 돈을 많이 벌었느냐', '얼마나 세상에 이름이 알려졌느냐'. 그러나 그보다 '얼마나 이웃과 인류에게 기여한 인생이었는가'에 초점이 맞춰져야 할 것이다.

비록 힘이 들더라도 그 일에 충실하고 즐겁게 살아가고 있다면 나는 지금 가장 보람 있는 생애를 사는 것이다. 세상이 볼 때 성공한 것 같은 실패의 삶을 바라보지 말고 세상이 볼 때 실패한 것 같더라도 내 스스로 인정하는 성공적인 삶을 바라보라. 〞

가난하지만 꿈을 가진 사람들에게 도움을 주고 싶다. － 알프레드 노벨

동전의 양면과도 같은 것

홈런왕 **베이브 루스** _ *George Herman Ruth 1895-1948*

　　　　　　　　메이저리그 역사상 가장 유명한 선수는 '베이브 루스'라는 홈런왕이다. 그는 메이저리그에서 21년 동안 활동하면서 714개의 홈런을 쳐서 1976년까지 세계 최고의 기록을 보유했다. 그는 오늘날까지 미국인들이 가장 좋아하는 야구 선수다.

　그런데 사람들은 베이브 루스의 화려한 실력만을 보고 평가하지만, 실제로 그는 홈런왕뿐 아니라 스트라이크 아웃을 가장 많이 당한 삼진왕이기도 하다. 그는 자그마치 1,330번이나 스트라이크 아웃을 당했다. 자신이 친 홈런의 거의 2배에 해당하는 스트라이크 아웃을 당한 셈이다.

　야구 역사상 아직까지 이 기록을 갱신한 사람은 없다. 만약 베이브 루스가 1,330번의 스트라이크 아웃을 당한 쓰라린 체험이 없었다면 과연 714개의 홈런을 날린 홈런왕이 될 수 있었을까? 스트라이크 아웃을 두려워했다면 그는 결코 그 많은 홈런을 쳐내지 못했을 것이다.

❝ 누구도 실패를 두려워하거나 실패하지 않고 성공하려는 것은 무모한 짓이다. 실패 없이 이루어진 성공은 모래 위에 집을 짓는 것과 같다. 처음부터 아예 실패 없는 성공을 기대하지 말아야 한다. 실패를 두려워하기보다는 실패 없이 성공하는 것을 두려워해야 한다.

실패와 성공은 언제나 동전의 양면과 같다. 실패를 부정하는 것은 성공을 부정하는 것과 같다. 처음부터 잘되는 일은 없다. 처음부터 다시 시작한다 하더라도 실패를 경험하고 시작하는 것은 이미 성공에 한걸음 다가선 것이다.

역사에 남은 위대한 사람들 중에는 실패했음에도, 앞길이 막혔음에도, 더 이상 희망이 보이지 않아도 그럼에도 불구하고 포기하지 않았던 사람들이다. 오히려 그들에게는 실패가 새로운 기회였고, 성공의 기회였다. 성공하길 원한다면 실패를 절대 두려워하지 마라. ❞

내가 714개의 홈런을 칠 수 있었던 것은 1,390번이나 삼진을 당했기 때문이다.
– 베이브 루스

일생을 불행하게 보내면서도

천문학자 **요하네스 케플러** _ *Johannes Kepler* 1571-1630

　　　　　　그의 인생은 처음부터 아주 불운했다. 그는 팔삭둥이로 태어나 선천적으로 연약한 신체적 체질을 갖고 있었기 때문에 언제나 병상에서 살았다. 그럼에도 그는 열심히 공부하여 신학을 공부했고 그 당시 코페르니쿠스의 지동설을 통해 자연과학에 흥미를 갖게 되었다.

　그는 결혼을 두 번 했지만 결혼생활이 성공적이지는 못했다. 첫 번째 아내는 심한 잔소리꾼에다 싸움꾼이었고, 두 번째 아내는 남편의 봉급이 적다고 불평하며 자기가 원하는 장식품을 살 수 없다고 늘 짜증내며 괴롭혔다. 그의 허약한 몸은 점점 더 쇠약해졌다.

　게다가 그는 근시여서 밤에 연구할 때면 촛불을 너무 가까이해서 눈썹이 자주 타곤 했다. 그럼에도 불구하고 그 시력을 갖고 유성이나 혹성에 대한 관측을 통해 숫자표를 발견해냈다. 오직 신앙으로 연단된 강한 정신력으로 육체적인 악조건을 이겨낸 결과였다.

그는 자기가 원하는 연구를 계속하였고, 그의 연구실에는 산을 이룰 만큼 많은 분량의 관측실험 종이가 쌓여갔다. 그러나 그의 가정은 늘 불행의 연속이었다. 천연두가 그의 가족을 휩쓸고 지나가는 바람에 아들까지 잃었다. 그럼에도 그의 연구는 결코 중단되지 않았다.

페스트가 유행하자 그는 가족과 함께 낡은 망토를 몸에 두르고 피난살이를 했다. 여전히 그의 가방에는 그동안 연구한 원고가 가득 차 있었다. 결국 그는 1천개 별의 정확한 도표를 완성했다. 이것은 나중에 선원들이 안전하게 항해하는 데 아주 귀중한 지침이 되었다.

또한 그는 현대 천체 망원경의 기초가 되는 두 개의 볼록 렌즈와 측량용의 교차점을 발견하였고, 수학에서 미적분의 기초도 세워놓았다. 그의 몸은 병으로 인해 완전히 폐인이 되었지만 그는 연구를 멈추지 않고 죽는 순간까지 인류를 위해 최선을 다하는 삶을 살았다.

결국 병이 악화되어 그는 50세 때 세상을 떠났고 그의 시체는 싸구려 관에 남루한 옷을 입은 그대로 매장되었다. 참으로 가난하고 불행한 생애였다. 그러나 그가 일생 동안 연구한 업적은 후대의 인류에게 값진 유산이 되었다.

그의 이름은 바로 독일의 천문학자이며 과학자인 '요하네스 케플러'다. '케플러의 법칙'이라고 하는 유성에 관한 세 가지 법칙을 발견한 사람이며, 예수의 탄생 시점을 과학적으로 산출해낸 과학자이기도 하다.

❝ 혹시 살면서 자신에게 닥친 불행과 고난을 불평하며 하던 일을 중간에 포기한 적은 없는가? 어차피 이 세상에서의 고난은 잠깐이다. 영원한 시간에 비하면 먼지와도 같다. 비록 지금 고난과 고통 속에서 눈물로 지낸다 해도 거기에는 아름다운 뜻과 비전이 있다.

그것이 만약 고난을 통해서만 이루어질 수 있는 꿈이라면 어떻게 하겠는가? 그대로 받아들이는 것이 가장 현명하다. 고통 이상의 의미가 나에게 있고 그 이상의 잠재력이 우리 각자에게 있기 때문이다. ❞

천문학자들은 신의 사제들이며 자연이라는 책을 해석하도록 부름 받은 자들이다.
— 케플러

실패를 통해 배우는 성공

미국의 18대 대통령 **율리시스 그랜트** _ *Ulysses S. Grant 1822-1885*

미국 육군 사관학교인 웨스트포인트를 당당히 졸업한 한 청년이 장교로서 멕시코 전투에 나갔다. 그런데 어느 날 청년은 술을 너무 많이 마셔 품행이 좋지 않다는 이유로 군대에서 쫓겨나는 신세가 되었다.

군대에서 쫓겨나 고향으로 내려간 그는 불명예 제대한 창피함 때문에 마음의 쓰라림이 심했다. 날마다 차가운 얼음송곳이 마음을 찌르는 것 같았고 무거운 관 뚜껑이 닫히는 것 같은 절망감에 사로잡혀 지냈다.

그는 다시 일어나 농업으로 성공하려고 했으나 그것 역시 실패했다. 그래서 사업으로 성공해 보려고 사업을 시작했으나 그것 역시 얼마 못 가서 실패의 쓴잔을 마셔야 했다. 그는 결국 한 작은 가게의 점원으로 일하게 되었다.

　이때 마침 전쟁이 일어났고, 청년은 일반 사병으로 지원했다. 청년이 일반 사병으로 입대하려 했지만 그의 경력을 보고 사람들은 그를 대위로 발탁했다. 청년은 겸손하게 자기의 잘못을 뉘우치고 전쟁에 참여하여 최선을 다했다.

　얼마 후에 그는 소령이 되었고, 다른 사람들의 적극적인 추천으로 곧 대령으로 진급하였다. 나중에는 링컨 대통령 밑에서 북군의 사령관을 지내면서 남북전쟁을 승리로 이끄는 주역이 되었다.

　그는 계속 진급하여 국방 장관이 되었고, 결국에는 미국의 제18대 대통령이 되었다. 그가 바로 율리시스 그랜트 장군이다. 그는 국민들에게 존경을 받는 훌륭한 인격자로 정평이 났다. 한때 술주정뱅이로 장교의 자격이 없다고 쫓겨난 그가 성실한 인격을 지닌 존경받는 훌륭한 지도자가 된 것이다.

" 한 번의 실패로 영원히 실패자가 되는 사람이 있다. 반면에 수십 번의 실패에도 불구하고 극복하고 일어서서 당당하게 성공하는 사람이 있다. 우리는 때때로 뜻하지 않은 실수로 인해 실패를 당하게 된다. 그러나 그것이 곧 우리 인생의 실패를 의미하지는 않는다.

그것은 오직 성공을 위한 실패일 뿐이다. 왜냐하면 진실한 성공은 언제나 인간의 진실함이 배어 나오는 성공이어야 하기 때문이다. 인간의 거만과 오만과 욕심과 아집이 들어 있는 성공은 성공이 아니다. 그런 성공은 인류를 불행으로 몰아간다.

우리가 진실한 성공자, 겸손한 성공자가 되기 위해서 당연히 거쳐야 하는 것이 실패다. 실패를 통해서 우리는 연단되고 겸손한 사람이 된다. 어느 누구도 처음부터 겸손한 사람으로 태어나지 않기에 이런 실패를 겪는 것이 우리에게 유익을 주는지도 모른다. 처음부터 성공하려는 것은 아주 위험한 생각이다. 우리의 허식과 위선을 벗겨낼 수 있는 길은 오직 실패를 통해서 이루어진다. 오직 실패를 통해서만이 진실한 자기를 알 수 있다.

진정한 실패는 자기가 누구인지도 모르고 승승장구하여 자기 힘만 믿고 거만하게 이루는 성공이다. 그러나 진정한 성공은 실패를 통하여 자기가 누구인지를 깨닫고 늘 겸손하게 자신의 한계를 극복하며 성공을 배워나가는 것이다. 〞

나는 모든 전쟁을 지지하지 않는다. 평화를 위해 한 전쟁을 제외하고는.
— 율리시스 그랜트

최선을 다하는 삶

강철왕 **앤드루 카네기** _ *Andrew Carnegie 1835-1919*

       1847년 열두 살의 소년은 전보 배달원 일을 하고 있었다. 어느 날 땀 흘리며 전보 배달을 하던 그를 보고 전보를 받은 사람이 조용히 소년의 어깨를 다독거리며 말했다.
 "아주 총명하게 생겼구나. 지금은 몇 사람에게 소식을 전하지만 언젠가는 모든 사람에게 희망을 전하는 인물로 자라렴."
 이 말을 듣는 순간 소년은 갑자기 미래의 비전이 떠올랐고 이전에 느끼지 못한 인생의 확신을 갖게 되었다. '그래, 지금은 내가 전보 배달원이지만 앞으로는 많은 사람에게 희망을 주는 사람으로 자랄 거야.'
 결국 소년은 자라서 산업자본가로 대성하여 그의 꿈대로 교육과 사회 복지에 헌신하였다. 이 소년이 바로 미국의 대부호이자 강철왕 '앤드루 카네기'다.

더할 수 없는 불명예

한때 우리나라에 닥친 IMF의 어려움처럼 미국에서도 경제 불황이 미국 전역을 뒤덮은 때가 있었다. 뉴욕 맨해튼에 백만장자로 알려진 강철왕 카네기 역시 불경기에 직접 영향을 받아 최악의 상황에 처했다. 절망감에 빠진 그는 이렇게 고통스럽게 사느니 차라리 인생을 여기서 마치는 것이 낫겠다는 생각을 했다. 고민하던 끝에 그는 자살을 결심하고 어느 날 아침에 집을 나섰다.

강물에 몸을 던져 자살하려고 강 쪽으로 천천히 걸어가고 있을 때였다. 막 모퉁이를 돌려는데 어떤 남자가 그를 향해 소리를 질렀다. 뒤돌아보니 두 다리를 잃은 사람이 바퀴 달린 판자 위에 앉아 있었다. 그러나 그의 비참한 외모와는 달리 얼굴에는 환한 미소를 짓고 있었다. 그는 카네기에게 말했다.

"선생님, 연필 몇 자루만 사주세요. 네?"

카네기는 그가 내미는 연필 몇 자루를 쳐다보다가 주머니를 뒤져 1달러짜리 한 장을 꺼내주었다. 그리고 아무 말 없이 다시 강 쪽으로 걸어갔다. 그때 뒤에서 어렵게 바퀴를 굴리며 카네기에게 다가오면서 크게 외치는 소리가 들렸다.

"선생님, 사신 연필은 가져가셔야죠!"

"나는 괜찮소. 나는 더 이상 연필이 필요 없는 사람이오."

"아닙니다. 선생님, 만약 연필을 안 가져가시려면 돈을 다시 가져가십시오."

그의 얼굴은 여전히 환한 미소로 가득 차 있었다. 그의 성화를 이기지 못하고 결국 카네기는 연필을 받아들었다. 그리고 끝까지 환한 미소를 잃지 않는 그를 물끄러미 바라보면서 잠시 생각에 잠겼다.

'나는 더 이상 이 세상에 살아 있어야 할 이유가 없다고 생각했다. 그런데 오늘 이 사람은 두 다리가 없으면서도 한없이 환한 미소를 지으면서 살아간다. 그렇다면 내가 죽을 이유가 무엇이겠는가? 내가 이 세상에 왜 살아야 하는지 그 이유를 이제야 알 것 같다. 나는 더 이상 자살할 이유가 없다.'

결국 카네기는 발걸음을 돌려 집으로 향했다. 그리고 마음을 다잡고 다시 시작하여 사업에 크게 성공하였다.

❝ 한마디의 위로와 소망의 말이 한 소년의 인생을 바꾸어놓았다. 지금 아무것도 이룬 것이 없고 당장 변하는 것이 없다 해도 우리는 변화될 수 있다. 한 마디의 말로 인해 마음에 꿈을 심는다면 우리는 자기 안에 잠재되어 있는 능력을 발견하고 계발할 수 있다. 지금은 비록 초라하지만 이후에는 인류에게 희망과 꿈을 주는 위대한 삶을 살 수 있다.

비전을 갖되 선명한 비전을 갖고 매사에 도전하라.

사람이 갑작스러운 실패와 극심한 좌절에 처하다보면 한 번쯤 죽음을 생각하게 된다. 어려움을 해결하는 마지막 돌파구로 자살을 쉽게 생각할 수 있다. 그러나 그것이야말로 영원한 패망에 이르는 길이다.

겸손한 사람은 어떤 상황에서도 절대로 자살을 선택하지 않는다. 사람은 시야가 막히면 막힐수록 죽음을 생각하게 된다. 현재만 생각하면 생각할수록 죽음만이 가장 좋은 피난처라는 생각이 들기 때문이다.

실패와 좌절과 낙심으로 더 이상 살아갈 이유가 없다고 생각하는가? 그러면 눈을 들어서 먼 곳을 바라보라. 내 상황만 보지 말고 밖으로 나가 다른 사람을 돌아보라. 그러면 내가 왜 그들과 더불어 살아가야 하는지 비로소 그 이유를 발견하게 될 것이다. 』

부자로 죽는 사람은 불명예스러운 자로 죽는 것이다.   - 앤드루 카네기

쓰레기통에서 건진 원고

《적극적 사고방식》의 저자 **노먼 빈센트 필** _ *Norman Vincent Peale 1898-1993*

50대의 한 미국인 목사가 책 한 권을 집필했다. 완성된 원고를 여러 출판사에 보냈으나 어느 곳에서도 긍정적인 답신을 주지 않았다. 계속 다른 출판사로 원고를 보냈지만 결과는 마찬가지였다. 애써 원고를 완성했지만 찾아가는 출판사마다 가치 없는 책으로 취급하고 출판을 거절했다.

그는 실망하여 원고를 통째로 쓰레기통에 던져버렸다. 그리고 아내에게 소리쳤다.

"여보, 우리는 노력할 만큼 해보았소. 그러니 더 이상 어떻게 할 수 없지 않소? 공연히 시간만 낭비했지 뭐요. 이 원고를 절대로 쓰레기통에서 다시 꺼내서는 안 되오. 이제는 책이고 뭐고 끝장이라는 말이오."

다음날 목사님의 부인은 한 출판사만이라도 더 찾아가보고 나서 포기해야겠다고 생각하고 쓰레기통 채로 들고 한 출판사를 찾아갔다. 그렇게 해서 출판된 책이 바로 《적극적인 사고방식》이란 책이다.

  이 책은 무려 3천만 권이나 팔린 베스트셀러가 되었고, 그 목사는 바로 적극적인 사고방식으로 사람들에게 힘과 용기를 주었던 '노먼 빈센트 필' 박사다.

> 지금도 인생의 쓰레기통에는 우리가 버린 실패 작품들이 많이 있다. 사람들은 가치를 구분하는 지혜가 없다. 그래서 때때로 실패작을 성공작으로 생각하고 성공작은 실패작으로 생각하는 경우가 많다. 혹시 남에게 인정받지 못해서 쓰레기통에 버린 것들은 없는가? 다시 주워서 시작해 보자. 이런 저런 이유로 인해 그만두었던 일이 있다면 용기를 갖고 다시 한 번 시작해 보자.

'노(no)'를 거꾸로 쓰면 전진을 의미하는 '온(on)'이 된다. 모든 문제에는 반드시 문제를 푸는 열쇠가 있다. 끊임없이 생각하고 찾아내어라. - 노먼 빈센트 필

땜장이가 만든 작품

《천로역정》의 저자 **존 번연** _ John Bunyan 1628-1688

영국 베드포드 근처 한 가난한 집에서 아이가 태어났다. 그의 부모는 너무나 가난하여 아이를 제대로 돌보지 못했다. 그래서 아이는 성장 과정에서 자연스럽게 동네 아이들과 어울리면서 욕도 배우고 말을 거칠게 하는 아이가 되고 말았다.

초등학교를 다녔지만 제대로 졸업하지도 못했다. 그의 아버지는 쇠붙이에 땜질하는 땜장이였기 때문에 그도 땜장이 일을 배웠다. 그러나 그는 고집이 세고 반항심이 많았으며, 청년 시절까지도 그런 습성을 버리지 못했다. 제멋대로 사는 버릇없는 청년이었다.

그러다가 가난하지만 신앙심이 돈독한 한 친구를 사귀면서 그와 함께 성경 읽는 것을 큰 즐거움으로 여기게 되었고, 점차 착실한 사람으로 변해 갔다. 성경을 열심히 가르치다가 불법 집회를 한다는 죄목으로 감옥에 6년간 투옥되기도 했다.

그러나 그는 고난에 좌절하지 않고 자기의 소신을 굽히지 않은 채 감옥 안에서 집필을 시작했다.

"나는 신앙만은 양보할 수 없습니다. 내가 교수형에 처해진다 해도 나의 신앙은 변치 않을 것입니다."

그는 비좁은 감옥에서 글을 썼는데, 그 책이 바로 성경 다음으로 많이 읽혀진다는 《천로역정 (The Pilgrim's Progress)》이고, 그의 이름은 바로 '존 번연' 이다. 그는 말했다.

"나는 가장 낮고 비천한 계층에서 태어났고 자랑할 만한 학벌이나 명문의 혈통, 고귀한 신분도 갖고 있지 못하다. 그러나 하나님이 나를 이런 불행한 곳에서 구해 주셨다."

" 일생 동안 단 하나의 일을 한다 해도 그 일이 인류에게 선한 영향을 끼치는 일이라면 열정을 다해 해볼 만하다. 지금 나는 무엇을 위해 열정을 바치고 있는가? 가난하기 때문에 고난과 역경 속에 있기에 미리 포기하고 아예 꿈조차 꾸지 못한 것이 있다면 지금 다시 시작하자. 오직 역경만이 만들어낼 수 있는 작품이 있다. 오직 고난과 아픔이 있는 사람만이 만들어낼 수 있는 가치 있는 것이 있다.

그 꿈을 이루기 위해 지금의 고난을 사용한다면 당신도 훌륭한 일을 할 수 있고 보람

찬 삶을 살게 될 것이다.

당장 용기를 갖고 시작할 수 있는 것을 찾아보라. 만약 막막하게 여겨진다면 '성경'을 읽어보라고 권하고 싶다. 그러면 그 안에서 지금까지 누구도 가르쳐주지 않은 위대한 나만의 꿈을 발견하게 될 것이다. ❞

겸손한 사람은 언제나 신을 그의 안내자로 삼을 것이다. - 존 번연

모든 것을 잃어버려도

《실낙원》을 쓴 **존 밀턴** _ *John Milton* 1608-1674

52세 때 그는 지나친 격무로 말미암아 완전히 실명하고 사랑하던 아내도 잃었으며 엎친 데 덮친 격으로 그를 반대하는 사람들에 의해 감옥에 갇히게 되었다. 이런 절망적인 상황에서 그에게는 더 이상 희망이 없었다. 사람들은 그가 감옥에서 실의에 빠져 탄식하다가 죽게 될 거라고 말했다.

그러나 그는 자기의 불행과 역경을 이겨내고 50이 넘은 나이에 글을 쓰기 시작하여 그로부터 15년 후인 65세에 불후의 명작인 《실낙원》을 저술하였다. 그가 바로 셰익스피어에 버금가는 영국의 대시인 '존 밀턴'이다. 그는 이렇게 말했다.

"이 세상에서 정말 비참한 일은 앞을 못 보게 된 것이 아닙니다. 정말 비참한 것은 앞을 못 보는 환경을 이겨낼 수 없다고 낙심하며 그냥 주저앉는 것입니다."

> 인간에게는 각자에게 주어진 특별한 능력이 있다. 세상을 정복하고 다스리는 능력이다. 주어진 환경을 다스리고 정복하는 것이 인간의 사명이다. 비록 좋지 않은 상황이 연속적으로 전개되고 악화된다 해도 인간은 그것을 뛰어넘어 새로운 능력을 충분히 발휘할 수 있는 존재다.
> 더 불리한 환경이나 갑작스럽게 닥치는 불행, 그리고 장애가 문제 될 수 없다. 인간의 가치는 이기기 힘든 상황에 지배를 당하는 것이 아니라 그 상황을 다스리고 정복하는 데 있기 때문이다.

마음이란 마음먹기에 따라 달라질 수 있는 공간이다. 즉 마음먹기에 따라 그 공간은 천국과 지옥으로 변할 수 있다. - 존 밀턴

세상을 살아가는 법

삼중 장애를 이겨낸 **헬렌 켈러** _ *Helen Keller 1880-1968*

1880년 6월 27일, 미국 터스 컴비아라는 마을에 '헬렌 켈러'라는 여자아이가 태어났다. 그러나 태어난 지 1년 6개월 만에 앞을 볼 수 없고 말도 할 수 없고 들을 수도 없는 병에 걸리게 되었다. 그때 헬렌 켈러를 맡게 된 교사는 20세의 젊은 여자 '맨스필드 설리반'이라는 사람이었다.

볼 수도 없고 말할 수도 없고 듣지도 못하는 아이를 교육시킨다는 것은 사실 거의 불가능해 보였다. 그러나 설리반 선생은 헬렌 켈러가 틀림없이 장애를 극복할 수 있다는 믿음을 갖고 포크와 나이프를 사용하는 법부터 가르치기 시작하여 세상에서 살아가는 법을 하나씩 알려 주었다.

그 일은 보통 힘든 것이 아니었다. 수없이 실패를 거듭하면서 헬렌 켈러는 점차 어눌한 말을 하기 시작했고 손으로 더듬으며 글을 익혀갔다. 설리반 선생님의 헌신적인 수고와 헬렌 켈러의 초인적인 노력으로 도저히 불가능하게 생각했던 일이 마침내 실현되었다. 헬렌 켈러가 래드클리프 대학시험에 좋은 성적으로 합격한 것이다. 설리반 선생님은 기뻐서 눈물을 흘리며 헬렌 켈러를 칭찬했다.

"헬렌, 참 훌륭하구나! 눈과 입과 귀가 모두 부자유스러운데 이렇게 어려운 대학시험에 합격한 것은 세계에서 처음 있는 일일 거야."

드디어 헬렌 켈러는 대학을 졸업하였다. 그것은 정말 기적에 가까운 일이었다. 그때 헬렌 켈러는 이렇게 다짐했다.

'내가 앞으로 할 일은 몸이 부자유스런 사람의 행복을 위하여 봉사하는 일이다. 이것이 나를 여기까지 이끌어주신 여러 사람들에 대한 보답이다. 이것을 위해 나의 생애를 바치리라.'

헬렌 켈러는 이후부터 사회 봉사활동을 열심히 하였고 낙담하여 좌절한 사람들에게 종종 이렇게 말했다.

"용기를 잃지 마세요. 아직 볼 수 있지 않습니까? 아직은 소리가 들리지 않습니까? 아직 말할 수 있지 않습니까? 힘을 내세요. 환경이 중요한 것이 아닙니다. 어떤 생각으로 생활하고 어떤 이상을 추구하는지가 중요합니다."

> 여러 가지 장애와 불리한 환경으로 인해 염려하며 인생에 좌절한 사람이 있는가? 우리는 얼마든지 그런 약점과 불우한 환경 속에서도 일어설 수 있는 능력을 갖고 있다. 나의 고통에 담긴 선한 뜻을 발견하며 용기를 갖고 꿈을 향해 부지런히 나가면 틀림없이 좋은 결과를 이룰 것이다.
>
> 만약 나에게 닥친 불리한 환경을 도저히 이기기 어렵다고 생각하면 환경을 새롭게 창조해나가라. 상황이 아무리 힘들다 해도 인생 가운데 선한 뜻을 발견하고자 애쓰는 사람은 하늘도 돕는다.

세상은 고통으로 가득하지만 한편 그것을 이겨내는 일로도 가득 차 있다.
- 헬렌 켈러

휠체어를 타고 우주를 연구하다

천재적인 물리학자 **스티븐 호킹** _ *Stephen William Hawking*

스티븐은 옥스퍼드 대학에서의 생활이 끝나 갈 즈음에 자기의 몸이 이상하다는 느낌이 들었다.

'아니, 왜 이렇게 구두끈을 매는 것이 힘들고 손이 떨리지?'

어떤 날은 길을 가다가 다리에 힘이 풀려 벽이나 전봇대에 부딪치기도 했고, 술을 마시지도 않았는데 술 마신 사람처럼 혀가 꼬부라진 소리가 나기도 했다.

크게 이상한 일은 아닐 거라고 스스로를 위로했지만 검사 결과 스티븐은 루게릭병(근육이 위축되는 질환)이라는 희귀병 진단을 받았다. 이 병은 몸의 운동 기능에 영향을 미치는 것으로써 시간이 지나면서 점차 온몸의 근육이 오그라들고 마비증세가 나타나는 무서운 병이다.

의사는 스티븐이 2년 정도 살 수 있다고 말했다.

'아! 하나님, 어떻게 나에게 이런 병이 생길 수 있다는 말입니까? 이 토록 젊은 나이에 연구도 제대로 못해보고 죽어야만 하나요?'

21세의 젊은 나이에 청천벽력 같은 소리였다. 스티븐은 방문을 걸어 잠그고 어두컴컴한 방에서 음악을 들으면서 자기를 달래고 있었다.

'아니야, 이렇게 절망할 수는 없어. 당장 죽는 것은 아니잖아. 앞으로 남은 시간 동안에 열심히 하면 무엇이든지 할 수 있을 거야.'

그는 절망하지 않고 열심히 연구하여 박사학위를 받았다. 스티븐의 몸은 점차 움츠러들었지만 그의 정신은 결코 육체에 지지 않았다. 이제 그의 몸은 거의 마비가 되어서 의사 표현을 하지 못하는 신세가 되었고 휠체어를 이용하여 자기의 의사를 전달하는 지경에 이르렀다.

그럼에도 그는 연구를 계속하여 물리학상의 최고인 '알버트 아인슈타인' 상을 받았고, 그가 연구하면서 저술한 《시간의 역사》라는 책은 천만 부가 넘게 팔린 세계적인 베스트셀러가 되었다.

이 사람이 바로 우리나라에도 왔던 세계적인 영국의 과학자 스티븐 호킹 박사다. 스티븐의 노력으로 영국의 캠브리지 시의 공공건물마다 경사로가 만들어지고 휠체어를 타고 올라갈 수 있도록 보도의 턱이 낮아졌다.

루게릭병으로 2년밖에 살지 못하리라던 청년은 그로부터 30년이 넘게 지금까지 불구의 몸으로 계속 연구를 하면서 전 세계 장애인들을 위해 살고 있다.

❝ 사람들은 갑자기 닥친 절망을 인생의 끝으로 알고 쉽게 인생을 정리하려 한다. 그러나 절망을 소망으로 바꾸려는 마음만 있다면 누구도 상상하지 못하는 큰일을 할 수 있다.

끝까지 포기하지 않고 1퍼센트의 가능성이라도 믿고 남은 생애를 최선을 다해 열심히 노력하면 기대 이상의 멋진 인생을 살 수 있다. ❞

인생이 아무리 나빠 보여도 삶이 있는 한 희망이 있고 또 성공할 수 있는 부분이 있다. - 스티븐 호킹

인생의 가치를 알게 되면

프랑스의 작곡가 **조르주 비제** _ *Georges Bizet 1838-1875*

여기 정말 억세게 재수 없는 사람이 있다. 그럼에도 그는 우리에게 많은 감동을 준다. 그는 프랑스 음악가로 하는 일마다 재수가 없었던 정말 불운의 사람이었다. 한번은 부탁받은 오페라의 작곡을 기일 내에 완성하려고 몇 날 며칠 밤을 꼬박 새면서 일을 했는데 작곡을 겨우 마치고 나니 오페라 공연이 1년간 연기된다는 소식을 듣게 되었다.

또 한 번은 교향곡의 작곡을 마치고 연주하도록 넘겨주려고 보니 그동안 써놓은 원고를 어디에 두었는지 찾을 수가 없었다. 그리고 자기가 사랑하는 애인의 집에 찾아가서 현관에 서 있는 순간 이층에서 애인의 어머니가 요강을 쏟아붓는 바람에 오줌 세례를 받기도 했다.

그가 작품〈카르멘〉을 발표하였을 때는 가장 많은 비난을 받았다.

사람들로부터 완전히 도외시되었고 그는 그로 인해 병을 얻어 죽고 말았다. 그러나 그가 죽은 후에 그의 작품 〈카르멘〉은 전 세계적으로 가장 사랑받는 오페라가 되었다. 그는 바로 19세기 프랑스의 유명한 작곡가인 '조르주 비제'다.

" 사람들은 꼭 생전에 무언가 이루고 인정을 받아야만 한다고 생각한다. 그러나 사실은 죽은 이후가 더 중요하다. 인생의 진정한 평가는 죽은 이후에 나타난다. 그래서 우리는 내가 하는 일이 세상에서 성공적인 평가를 받지 못한다 할지라도 최선을 다해서 인생을 살아야 한다. 비록 세상에서 제대로 영광을 받지 못한다 하더라도 그것이 정의와 진리를 위한 것이라면 그것은 우리에게 충분히 가치가 있다.

스스로 믿음을 갖고 살아가면 사람의 평가는 그다지 중요하지 않다. 왜냐하면 침이 마르도록 칭송했던 사람들도 내가 죽은 이후에는 나의 무덤에 침을 뱉을 수 있기 때문이다.

당신은 어느 것을 원하는가? 역사를 움직인 사람들은 대부분 살아생전보다는 죽은 이후에 더 빛이 난다는 사실을 주목해야 한다. "

이 가극(〈카르멘〉)은 반드시 세계를 정복할 것이다.　- 차이코프스키

한걸음씩 걸어가는 인생

시인 **헨리 워즈워스 롱펠로우** _ *Henry Wadsworth Longfellow*
1807-1882

미국의 유명한 시인 롱펠로우는 비록 머리가 하얗게 세고 나이가 들었지만 얼굴색과 피부는 아주 젊었다. 한번은 오랜만에 만난 친구가 롱펠로우를 보더니 깜짝 놀라면서 물었다.

"아니? 자넨 어쩌면 그렇게 젊은가? 혹시 비결이라도 있는가? 있다면 나에게도 좀 알려주게."

롱펠로우는 정원의 커다란 나무를 가리키며 말했다.

"저 나무를 보게나. 무척 오래된 고목이지. 그러나 매년 저렇게 아름다운 꽃을 피우고 열매를 맺는다네. 그것이 가능한 것은 비록 고목이지만 매일 조금씩이라도 성장하고 있기 때문이지. 나도 마찬가지라네. 나이가 들었지만 그래도 조금씩 성장해야겠다고 마음을 먹고 늘 노력하다보니 이렇게 젊게 보이는 것 같네. 이것 말고 다른 비결은 없네."

인생찬가

슬픈 사연으로 내게 말하지 마라.
인생은 한낱 허황된 꿈에 지나지 않는다고!
잠든 영혼은 죽은 것이니
만물의 겉모양 그대로만은 아니다.

인생은 진실이다. 인생은 진지하다!
무덤이 인생의 종말이 될 수는 없다.
너는 본래 흙이니 흙으로 돌아가리라.
이것은 영혼을 두고 한 말은 아니다.

인생이 가야 할 곳, 혹은 가는 길은
향락도 아니고 슬픔도 아니다.
내일의 하루가 오늘보다 낫도록
행동하는 그것이 인생이다.

예술은 길고 세월은 빨리 간다.
우리의 심장은 튼튼하고 용감하지만
싸맨 북소리처럼 둔하게
무덤으로 가는 장송곡을 계속 울린다.

이 세상 드넓은 싸움터에서
인생의 노영에서
말 못하고 쫓기는 짐승같이 되지 말고
싸움터에 나선 영웅이 되라.
아무리 즐거워도 미래를 믿지 마라.
죽은 과거는 그대로 묻어버려라.
행동하라. 살아 있는 현재에 행동하라.
가슴 속에는 심장이 있고, 머리 위에는 신이 있다.

위인들의 생애는 우리를 깨우친다.
우리도 장엄한 삶을 이룰 수 있고
이 세상 떠날 때는 시간의 모래 위에
발자국을 남길 수 있다.

그 발자국은 훗날 다른 이가
인생의 장엄한 바다를 항해하다가
조난당해 외롭게 버려진 형제의 눈에 띄어
새로운 용기를 얻게 될 것이다.

그러니 우리 모두 일어나 일하자.
어떤 운명에도 굴하지 않은 용기를 갖고

끊임없이 이루고 도전하면서
일하며 기다림을 배우자.

– H. W. 롱펠로우

❝ 시인 브라우닝은 "인생은 자고 쉬는 데 있는 것이 아니라 한걸음씩 걸어 나가는 데 있다"고 말했다. 사람들은 대개 나이가 들면 아무 희망이 없다고 스스로 낙심하며 무료하게 보내기 쉽다. 그러니 자기 발전이나 성장에 대해서는 더 이상 관심도 없고 그저 시간만 무료하게 보내게 된다. 이런 사람은 점차 더 늙어가고 마음도 극심하게 쇠하게 된다. 주위에서 보면 이처럼 죽을 날만 기다리며 다른 일을 시작할 엄두도 내지 못하고 노년을 보내는 사람들이 많다.

그러나 인생은 그렇지 않다. 지혜는 노인에게서 가장 많이 배울 수 있다. 노인은 경험이 풍부해서 젊은이들보다 지혜롭다. 뿐만 아니라 오랜 연륜을 통해 자연스럽게 지혜를 전달한다.

노년의 시기에도 멈추지 말고 계속 자기 발전을 꾀한다면 나이를 초월한 젊음을 유지할 수 있다. 육신이 쇠해지는 것은 막을 수 없지만 영혼과 마음은 나이와 상관없이 젊게 살 수 있다는 사실을 기억하자. ❞

위대한 희망이 가라앉는 것은 해가 지는 것과 같다. 그것은 인생의 빛이 사라진 것이나 다름없다. 매일 희망이라는 태양이 떠오르게 하자. - 롱펠로우

어느 실패자의 이야기

실패자의 영원한 **성공 모델**

여기 우리가 꼭 주목해야 할 한 사람의 이야기가 있다. 그는 태어날 때부터 사람들이 보기에는 완전히 실패한 출생이었다. 작고 보잘것없으며 알려지지 않은 동네에서 태어난 데다 태어난 장소도 초라하고 더러운 동물의 우리 안이었다. 그가 태어날 때는 아주 조용하고 소리 없이 외롭게 태어났다. 그래서 아무도 그가 태어나는 것에 대해 관심을 갖지 않았다.

또한 그는 태어나자마자 사악한 왕에 의해 무참히 암살당할 위기에 놓였지만 구사일생으로 간신히 목숨을 건졌다. 그리고 그는 30년을 조용히 지냈다. 그가 30년 동안 어디에서 무엇을 했는지에 관한 구체적인 행적은 알려진 바 없다.

그는 30세의 젊은 청년으로 자랐고 사람들을 향해 하늘의 진리를 외쳤다. 하나님을 향해 가는 길을 알려주었고 영원히 사는 길을 제시해주었다. 그리고 하나님을 만나는 길을 가르쳐주었다. 그는 오직 이 일을 하며 3년의 인생을 불태웠다. 자나 깨나 오직 그것만이 그의 목표였다. 그리고 열두 명의 제자들을 데리고 다니면서 영원한 진리를 구체적으로 가르쳤다.

많은 사람들이 그의 주위에 몰렸다. 하나님만이 할 수 있는 신비한 기적들이 그가 다니는 곳곳마다 일어났다. 죽은 자를 살리고 앉은뱅이, 병든 자, 귀신 들린 자, 문둥이, 귀머거리, 장님 등 그로 인해 병이 낫게 된 사람들은 헤아릴 수 없을 정도로 많았다. 그는 모든 사람들에게 왕과 같은 존재로 높임을 받았다. 모든 사람들이 그에게 자기들의 왕이 되어야 한다며 주위로 몰려들었고 그를 부추기기도 했다.

그러나 그의 생각과 관심은 다른 데 있었다. 그것은 사람들의 생각과는 완전히 다른 것이었다. 그것은 인간들에 의하여 철저하게 실패자로 낙인찍히며 비참하게 죽어 넘어지는 일이었다. 때로는 그렇게 서로 다른 생각들로 인해 피곤하였고 그것을 피하여 종종 홀로 있을 때가 많았다.

그의 주위에는 언제나 가난한 자, 소외된 자, 절망한 자, 실패한 자들이 몰려들었다. 그러나 한편으로는 그를 시기하는 무리들도 많았다. 종교지도자, 고위관리, 부자들 등 가진 자들에게는 언제나 그가 눈엣가시 같은 존재였다. 결국 그들은 그를 모함하기 시작했고, 마침내 무지한 군중들을 선동하여 죄인으로 만들어 두 명의 사형수와 함께 끔찍

한 십자가에 매달아 죽이는 공개처형을 서슴지 않고 자행하였다. 그가 살아 있을 때 그를 따라다니던 많은 사람들은 그의 죽음을 지켜보았다. 그동안 자기들에게 보여주었던 그 많은 기적이 그의 마지막 순간에 나타나기를 기대하면서……

그러나 그에게는 사람들의 기대와는 달리 아무 일도 일어나지 않았다. 오히려 벌거벗긴 채로 군인들의 손에 피 흘리고 절규하며 고통스럽고 무기력하게 죽어갔다. 그렇게 해서 그의 33년의 짧은 인생이 끝났다.

그를 따라다녔던 많은 사람들이 한순간에 그를 버리고 떠나갔다. 그동안 그에게 많은 사랑과 은혜를 받았던 사람들조차 더 이상 관심을 두지 않았다. 애써 3년 동안 관심과 사랑을 베풀면서 훈련시키고 믿었던 제자들마저도 그를 버렸다. 심지어 그 제자 중에 한 사람은 배반하여 그를 십자가에 죽이는 데 앞장서는 역할까지 했다.

어떤 사람들은 십자가에 매달려 무기력하고 힘없이 죽어가는 그 젊은이를 향해 이렇게 조롱하며 외쳤다.

"저가 남은 살리면서도 자기는 살리지 못하는구나. 어디 한 번 그 십자가에서 내려오라. 그러면 우리가 믿겠노라."

그리고 그를 실패자라고 외치면서 모두 그의 곁을 떠나갔다.

그는 그렇게 죽었다. 처음 태어날 때 태어날 곳도 준비하지 못한 것처럼 죽을 때도 역시 장사지낼 무덤조차 준비되어 있지 못했다. 그의 죽음을 마지막까지 돌보아야 할 제자들까지도 자기들의 생명이 위협을 받자 두려워하며 최소한의 할 일도 못하고 도망가기에 바빴다. 겨우 한 사람의 무덤을 빌려 그나마 초라하게 장사지냈다.

그러나 그는 이미 자기가 예언한 대로 사흘 만에 부활하여 하늘로 승천하였고 결국 지상에서 가장 위대한 승리를 거두었다. 그의 이름은 바로 예수 그리스도다. 당신은 이분을 알고 있는가?

"나는 부활이요 생명이니 나를 믿는 자는 죽어도 살겠고 무릇 살아서 나를 믿는 자는 영원히 죽지 아니하리니 이것을 네가 믿느냐"(요한복음 11:25).

> 예수 그리스도는 실패를 통해 완전한 성공을 보여주었다. 그가 이룬 성공 중에 최고의 성공이 있다면 영원히 해결할 수 없는 인간이 치러야 할 죄의 저주를 대신 받음으로 더 이상 인간에게 그 죄의 저주가 미치지 않게 한 일이다.

지금 당신은 실패하여 낙심하고 있는가? 인생의 계속되는 좌절과 알 수 없는 불리한 환경으로 인해 손해만 보면서 원망과 한숨으로 살아가고 있는가? 불리한 환경으로 인해 손해만 보면서 원망과 한숨으로 살아가고 있는가? 누구보다도 실패한 당신을 가장 사랑하는 실패자 예수 그리스도를 당신이 알게 된다면, 지금의 실패와 절망과 고난을 극복할 수 있는 새 힘을 얻게 될 것이다.

이 세상에서 실패셨기에

그분은 실패한 당신을 더욱 사랑합니다.

이 세상에서 고난당하셨기에

그분은 고난당한 당신을 더욱 생각합니다.

이 세상에서 외로우셨기에

그분은 외로운 당신을 더욱 위로합니다.

이 세상에서 배반당하셨기에

그분은 배신당한 당신을 진정 이해합니다. 〞

나의 힘은 그리스도께서 주신 것이다. 실로 그리스도의 사랑은 인간에게 줄 수 있는 가장 큰 능력이다. - 존 포스터

1%의 가능성을 성공으로 바꾼 사람들

2판 1쇄 발행일 | 2008년 1월 25일

지은이 | 이대희   **펴낸이** | 최순철   **펴낸곳** | 오늘의책

주소 | 서울시 마포구 합정동 412-26호
전화 | 322-4595~6   **팩스** | 322-4597
전자우편 | tobook@unitel.co.kr
홈페이지 | www.todaybook.co.kr
출판등록 | 1996년 5월 25일 (제10-1293호)

ISBN 978 89 7718 297 4   03810

값은 뒤표지에 있습니다.
잘못된 책은 바꾸어드립니다.